www.aalmas.eu

www.aalmas.eu

A magia das letras

Volume II

Ignis

António Almas

Ficha técnica

Título: Ignis

Autor: António Almas

Colecção: A Magia da Noite

Edição: Edição Própria de António J. F. Almas
Apartado 111
7160-999 EC Vila Viçosa
edicao.propria@gmail.com

Design e Paginação: António Almas

Impressão: Walprint

ISBN: 978-989-20-5750-7

Depósito Legal: 332296/11

Vila Viçosa, 31 de Outubro de 2015

O rio corre para o oceano

Em suave correria, como quem escorre por entre letras, vagamente tranquilo, exaltando-se nos estreitos intrincados do silêncio. Quando chega, mistura-se com as águas salgadas, diluindo a sua acalmia, nas ondas revoltadas desse mar de sentidos.

Escuta o marulhar, nele hás-de encontrar o meu murmúrio, a voz das letras que um dia foram riacho e hoje se confundem com o fulgor da tempestade. Segue-me ao longo da costa, como barco à vela que teme o oceano profundo. Contorna-me na orla deste gigante rio que somos.

esgato o teu corpo à tempestade que o oceano agita, seguro-te em meus braços enquanto o vento grita. Levo-te, voando para longe da turbulência, minha respiração teu corpo despido acalenta. Pouso-te sobre a erva fresca, é já dia e o Sol espreita. De olhos fechados enxugo teu rosto, curo tuas feridas, visto teu corpo. Nos cabelos prendo-te uma flor, recolho minhas asas, espero que despertes deste torpor.

Deliras em vozes agitadas, em pesadelos que inunda tua alma. Sobre tua testa pouso minha mão, concentro todas as minhas forças numa só prece, absorvo as tuas dores, dissolvo na minha alma os teus fantasmas, depuro os teus tormentos e de volta devolvo-te o sonho, feito de paz e tranquilidade, onde tua alma navegue nos silêncios ternos dos dias de luz. Teu corpo acalma-se, e teus olhos cerrados aquietam-se, voltou ao teu peito a serenidade.

Quando acordas, já o Sol adormece sobre as montanhas, teu rosto iluminado, olha-me espantado, tentando perceber. Coloco meu dedo sobre teus lábios, para que não perguntes, e em silêncio te digo que sou o teu anjo, que te guarda e te protege. Quando estavas perdida encontrei-te, quando estavas ferida curei-te, e em teus pesadelos fui o guerreiro que teus fantasmas derrotei.

Deixo-te um sorriso nos lábios, um beijo feito de vento, no silêncio meu corpo dissolve-se na brisa da tarde deixando um rasto de pétalas que paira no ar.

Fecho os olhos, como se quisesse ausentar-me das realidades que me rodeiam. Calo a voz, para não quebrar um único instante de silêncio. Enlaço os dedos para que minhas mãos permaneçam quietas. Embalo o corpo no balanço desta cadeira, como se fosse um berço onde desejo adormecer a vida. Deixo apenas a alma desperta, para que te receba como convidada em minha casa. Sempre que preciso da tua presença em mim, fecho os olhos e espero-te.

Chegas, caminhado sobre a brisa do vento, de vestes esvoaçantes, cabelos soltos. Trazes nas mãos pedaços de mar, de teus lábios desprendem-se melodias de encantar. Em meu colo te recebo, num abraço terno, em minha boca, tua repousa, num delicado beijo. Nossos corpos etéreos, diluem-se em ondas de energia que se agitam no ar, numa dança em que somos apenas um par. Em tuas asas levas-me a voar, e sobre o leito de nuvens brandas nossas almas deixam-se amar.

Apenas esta música toca, relembrando-nos que sempre que nos quisermos, basta os olhos fechar, deixar a alma voar, e nos braços do outro nos vamos encontrar. E tu sempre chegas perfumando o meu ar, acariciando-me com o teu terno olhar. Ficar em mim, como semente por germinar, guardada no âmago profundo do meu sentir, iluminando-me o mundo. Quando eu preciso de ti sei que vais chegar.

no teu corpo que meus sentidos viajam, seguindo o fluxo dos teus sonhos. Sou caravela em mar perdido, num olhar distante que procura o seu destino. Sou capitão deste navio, que desliza no oceano do teu olhar. És meu pedaço de mar, o calor da tua expiração, vento que meu barco faz deslizar. Sou detalhe, curva, parábola que te vem desenhar. Sigo-te, rumo ao sul, escalando tuas montanhas, caminhando por teus vales, adentrando-me em florestas mágicas onde teu corpo me vem abraçar.

Nesta longa caminhada, procuro o portal da tua alma, sigo a luz do teu olhar, que como farol ilumina o meu caminho, persigo os sinais que por teu corpo deixaste espalhados, como enigmas para te encontrar. Nesta longa aventura, sinto que me segues, como névoa encantada que sobre a planície encontro deitada. Voas sobre mim, nas pradarias verdejantes, beijando as flores deste jardim, em teu corpo fulgurante.

É já noite quando descubro, o centro de teu mundo. Sinto a energia que a força dos sentidos emana, escuto a tua voz que a minha chama. Solto na brisa quente do teu corpo, as palavras secretas que me ensinaste, abre-se em luz intensa, essa porta imensa de tua alma. Destingo no meio deste imenso clarão, o perfil etéreo de tua alma, que plana suspensa em suas asas. Envolves-me num abraço, e levas-me em teu regaço.

Sento-me no cais vazio, mergulho os pés despidos na água e aguardo o barco que há-de levar-me. O Sol incandescente precipita-se a ocidente sobre a linha de água, põe-se por saber que o dia acabou e que a noite vai trazer com ela as sombras e o escuro. A oriente a Lua nasce como um fio curvo de cabelo que corta o manto escurecido do anoitecer. Meus braços caídos sobre o colo vazio elevam-se, abertos ao céu, invoco as forças da natureza, num chamamento.

-Que o Ar invada o meu sangue, que a Água molhe a minha pele e a Terra suje minhas mãos, que o Fogo do meu espírito derreta a matéria e a transforme. Que o sonho seja o reflexo do futuro, que este chamamento seja teu fruto, divina Mãe Natura.

E o vento enleia-se no meu corpo, a chuva precipita-se do céu sobre a minha pele, meus dedos cravados na terra são raízes que me seguram, em meu peito uma chama paira, como se a alma quisesse fugir-me. Num espasmo sinto separar-me, dividir-me. No instante seguinte sou apenas energia que paira, como num sonho. Em baixo o corpo vazio fica, como árvore, agarrado ao chão, e voo.

Parto, em direcção às estrelas, pressinto o caminho, recordo-me, sigo viagem. Para trás ficam as recordações, memórias de uma vida terrena, à frente a eternidade dos céus, o retorno a casa. Sei que vou sentir falta do toque da pele, do perfume das flores nas manhãs de Primavera, mas vou estar imune à dor, à ausência e ao vazio. Levo em mim um pedaço de ti, uma ínfima partícula da tua essência, como recordação da tua paixão, do nosso amor.

Abro meus braços feitos das estrelas dos teus sonhos, entre eles teu corpo singelo entregas, como se meu fosse o mar e teus fossem todos os sentidos que te acordo. Em meu peito deserto deitas tua face feita de raios de Sol, recebo-te na intensidade do teu calor. Em meu ventre verdejante , deslizas tuas mãos de vento, que me afaga como se fosse ceara pronta para colher. Em minha boca sedenta, teus lábios fazes chover, como dilúvio de todo o nosso prazer. Em meu colo recebo teu corpo de mulher, como manto que despida, te veste.

Abro-te o livro dos sonhos, deixo minhas mãos acariciar as tuas como se fossem folhas de papel imaculado. Em meus olhos de lágrimas salgadas como oceanos de ternura, declamo para ti esta suave leitura. Escutas a minha voz, que num tom hipnótico, penetra na tua alma, descobrindo caminhos nunca antes percorridos. Neste silêncio quebrado de palavras, que se soltam das páginas de um livro que escrevemos em conjunto, somos o nosso próprio universo criado dos sonhos ainda agora inventados.

Em meu peito, teu corpo jovem adormece, ainda as palavras me sobram nas páginas deste livro, já tua alma voa, para perseguir este sonho contado, este momento por nós idolatrado, por campos e cidades, mares e instantes, desejos e sentidos por nós tantas vezes vividos, em tempos até aqui esquecidos. E sei que me escutas ainda, num som distante, ao ritmo das palavras breves que te conto, neste conto em que teu sono embalo. Adormeces!

Tuas mãos sobre as minhas deslizam no perfil intenso do teu corpo, são traços suaves que te percorrem. Teus dedos, em meus dedos enlaçados são pincéis que na tela nua de teu corpo derramam prazeres. Minha pele contorna a tua num abraço próximo, somos desenho, somos quadro, em momentos de pura magia. No silêncio desta atmosfera carregada de energia, somos escultor e escultura, desenho, pintura.

Fluis em mim como um rio que se estende por entre a floresta, és vaga de energia que como vento em minhas velas te agitas. Eu sou as margens que te abraçam, que conduzem teus sentidos e serenam tuas águas no lago tranquilo onde adormeces. És noite de Lua plena, teus olhos fechados em sonhos embalados, são estrelas fulgentes. És perfume ardente, que inebria os sentidos nas essências que asperges sobre meu corpo despido, és puro sentido.

Neste murmúrio de letras, nascem as emoções que arrepiam a alma, libertam o espírito e deixam as almas pairar sobre o universo de luz de que somos feitos. Neste instante somos a magia que em nossas asas se dissipa e como seres etéreos nos entrosamos num instante de prazeres inimagináveis. Pouso sobre teu corpo dormente minha asa, como véu que te cobre nesta noite de magia.

as letras do teu alfabeto, sou caractere, palavra, frase preenchida de sonhos. Nas tuas mãos, sou minhas mãos, e nos teus lábios meus lábios teus são. Por tua pele deambulam meus dedos, feitos de ventos, desenhos alados de anjos perdidos que te guardam o sono, te instigam ao sonho e te levam em suas asas. Em teu corpo meu corpo deito, em meu dorso tuas mãos sujeitas, no calor brando desta noite mágica.

Invento em ti os símbolos ancestrais que descubro decalcados nas tatuagens que preenchem a tua alma. Como grifo, deslizo no teu céu encantado, navegando pelas estrelas que me acendes. Sou trovador que em teu corpo declama versos acabados de formar, em compassos rítmicos de músicas que não podes olvidar. Toco-te, com a ponta dos meus dedos, como se fosses guitarra imaginada em teu corpo de mulher.

Meus olhos preenchem o teu olhar, que brilha como se fosse uma estrela cadente, que do firmamento se desprende. Descubro no teu íntimo o calor fugaz da erupção que em ti conténs, e para mim guardas, como último gemido de um êxtase premente que explode num clímax etéreo. O Universo agitou-se e uma nova estrela brilha fogosa no céu desta noite de magia. Deixo-me ficar, aqui sentado, apenas para te olhar.

É na beira deste lago que deixo meus pensamentos voar. É aqui, sentado neste lugar, que minha alma voa para mundos infinitos. Sou barco sem rumo traçado, deambulando por mares nunca antes navegados. Sou flor que se abre quando teu Sol brilha. Caminho por entre as árvores desta imensa floresta, que sobre mim solta suas folhas em suaves quedas. Penso-te, caminhando a meu lado, observando os detalhes deste nosso mundo.

Mergulho nas águas profundas, sentindo o teu corpo líquido abraçar a minha pele. Beijo teus lábios, colho de teu corpo o mel dos desejos em nós entrançados, como destinos que não escolhemos, mas que percorremos, água e sal, deste mar que nos une. Deixo que sejas a brisa da tarde, que passes por meu corpo como carícia, me dispas a alma e me preenchas de malícia. És perfume que inalo como o próprio ópio, turvas-me os sentidos quando em teus braços de vento me deito.

Sentado no meu refúgio escondido, embalo o corpo no balanço desta cadeira, leio nos livros já escritos a tua vida em mim, capítulos que invento, histórias que conto de ti. Adormeço, tuas asas de fada vêm buscar-me para nosso leito. Nossos corpos, como vento, diluem-se neste momento numa dança intensa de desejos. No silêncio deste instante, somos simplesmente amantes.

Acordo nesta manhã fria de Dezembro com a ansiedade de quem espera um nascimento. Um nascimento de esperança para toda a humanidade, um nascimento que nos permita ser de novo crianças, inocentes a brincar no meio do campo. Em tempos de escuridão, a luz duma vela é um Sol que ilumina a noite eterna, em tempos de agonia, uma brisa de alegria é suficiente para esboçar um leve sorriso no rosto. Natal não é fazer ofertas de presentes, Natal é nascer para uma nova vida, começar do nada um novo caminho, saber, ou acreditar que, temos um destino ao qual devemos chegar. Dar o que de maior temos, ofertar o que em nós guardamos é o maior presente que podemos entregar a todos aqueles que esperam por uma luz, por uma estrela no tecto escuro desta noite fria.

Demos pois a nossa alma, o nosso sentido, a nossa essência, embrulhada na simplicidade dum sorriso, num abraço de amizade, num beijo de ternura. Assim poderemos de facto descobrir a magia deste tempo, e ver o brilho dessa estrela que há mais de 2000 anos cruzou os céus para anunciar um nascimento.

A todos os amigos e leitores, quero desejar um Natal feliz, oferecendo-vos as minhas letras, o meu ombro amigo, o meu carinho, a minha amizade e um pedaço bem grande da minha alma. Acreditem que vos envio estes votos com um sorriso no rosto, com a esperança no horizonte que o amanhã possa ser um tempo mais justo para toda a humanidade.

Guardo na memória as noite frias de Dezembro, recordo o calor intenso da casa onde nos juntávamos em torno de uma mesa adornada. O constante vai e vem de pratos, o presépio no canto da sala. Com saudade relembro as caminhadas pelo campo, a incessante procura do musgo nas cascas das árvores, as técnicas para retirar uma boa "manta" de verde. O ritual da composição da cena que nesta época era o centro de todas as atenções. O Menino, em palhas deitado, as bolas de cor que anos a fio enfeitavam a árvore, as fitas colocadas com todo o cuidado porque tinham de durar, afinal havia mais natais.

A expectativa era grande, todos ansiávamos por aquela prenda, tínhamos esforçado tanto para ser bons meninos, que esperávamos que o Menino nos presenteasse com os nossos desejos. A noite era agitada, os adultos cantavam canções tradicionais, a mesa sempre cheia de iguarias acompanhava a festa, os miúdos numa correria, seguiam o ritmo da cantoria, aqui havia alegria. Os dias que antecediam a noite da consoada eram frios mas divertidos, estávamos de férias e brincávamos livres pelos campos, molhávamos as botas, jogávamos à bola ou simplesmente dávamos uma volta com as mãos nos bolsos para não arrefecer.

Nesse tempo, cada presente recebido era uma dádiva dos céus, porque sabíamos que não voltaríamos a ter muitos mais presentes até ao próximo Natal. A vida era difícil diziam os nossos pais, mas nós sorriamos na inocência de sermos ainda crianças, sonhávamos com os nossos ideais.

Aquele era o tempo em que com menos se fazia mais, em que as coisas não eram banais e os filhos ainda respeitavam os pais.

stá frio, os ventos do norte sopram querendo tomar o corpo, arrefecer-lhe o espírito que luta por manter acesa a chama. A Noite gélida propaga-se pela infinita luz do teu luar. Nos contornos sou capaz de adivinhar o caminho de regresso, sei para onde olhar quando me perco. Na mente vagueiam pensamentos diáfanos, recordações translúcidas das noites passadas a percorrer os vales e montanhas do teu cálido corpo nu. Memórias da beleza que descobria em cada recanto, como se visitasse um constante paraíso. Em ti, no teu corpo, há um mundo imenso que reage ao toque terno das minhas mãos. Pinto-te, com as pontas dos dedos, como se quisesse para sempre tatuar o meu nome na tua alma pura.

Mas estou longe, numa viagem longa, para lá dos limites do teu horizonte. Penso se me irás esquecer, se não irás recordar os momentos em que conjugamos o verbo amar, em que na tua pele sentiste a minha aportar, em que no teu âmago recolheste a minha masculinidade. Sei que serei sempre aquela estrela que, quando a Noite acorda os céus, brilha mais forte que todas as outras. Constante recordação de outros tempos, em que juntos formámos uma constelação. Sei que me olhas nas Noites claras, quando as nuvens do quotidiano se dissipam, que ficas ali à espera que caia do céu sobre os teus braços.

Um dia a viagem terminará e a casa regressarei para em pleno te amar.

A Noite fechou-se num manto branco de névoa que me abraçou. O frio deste Inverno gela o corpo, mas o silêncio e os ruídos inaudíveis afagam os meus sentidos. Viajo, atravessando esta Noite branca, sem destino, em direcção ao nada. As lembranças dos nossos momentos são como imagens que se reflectem no vidro embaciado do carro. A música toca lá longe num rádio, mas não estou aqui, apenas o corpo se encarrega nos automatismos que sabe gerir de conduzir a máquina por entre as curvas da estrada. O meu espírito voa, sobrevoa as nuvens baixas tentando atingir as estrelas, seguindo o rasto de novas galáxias que me levarão ao meu mundo.

Nestas Noites fechadas, sinto-te mais próxima, como se o teu corpo cobrisse o meu, num abraço intenso que me conforta. Neste beijo, unimos as almas nesta viagem que nos transporta pelo infinito onde o tempo deixou de ser barreira e o silêncio em música se transforma. Há-de haver um instante, em que nossos mundos colidirão, em que se fundirão num único momento, todo o sentimento será aí concentrado gerará um novo sol, reflexo das energias que guardamos. Um dia, será visível na minha viagem, o brilho de uma nova estrela no firmamento, nesse momento saberei que existe um lugar que concatena o nosso amor.

Criar para ti o paraíso, é como pintar no vazio uma tela, criar em cada detalhe o brilho do teu olhar, em cada recanto acender a vela que te vai alumiar. Pego nas pétalas caídas das flores e com elas visto o teu corpo desnudo, preencho-te de perfumes diversos, e beijo-te levemente os lábios que te pinto em tons carmim. Do silêncio invento a música, com os sons da natureza onde cada cântico é a mais singela beleza. Do céu faço o dia e a noite, abraçados como amantes, Sol e Lua num eclipse constante. Das estrelas faço constelações, formo imagens de cavalos e dragões, e do teu sorriso retiro o detalhe com que me visto.

Depois é deixar-me ficar, como anjo em altar, a contemplar teu corpo que se balanceia neste novo mundo, onde tudo foi construído à tua medida, onde és Deusa eterna e senhora que sobre todos os seres impera. Ver-te aqui, neste jardim secreto, é para mim contemplar a eterna beleza, ver-te flor entre a natureza, fragrância entre tantos aromas, esbelta escultura que minha alma venera, minha Vénus, em tua terra.

Mas este será sempre um lugar virtual, onde tudo o que existe é sustentado pela minha alma imensa, onde teu corpo é feito dos traços dos meus dedos e o vazio afastado pela intensa forma que tenho de te amar. Só assim é possível criar, só assim é possível inspirar a vontade de desenhar, de pintar de escrever, de amar, de viver...

á um fogo perene que aquece a alma, que estimula o corpo e incendeia a calma.

Neste percurso entre os sentidos da alma e as vontades do corpo sou apenas discurso, paixão efémera ou momento difuso, ainda assim consumo o gosto suave da tua pele, o beijo quente com sabor a mel, o teu mais profano sentido, a tua loucura mais escondida, a tua fome que se mata no meu corpo em suicídio de prazer. Sorvo cada detalhe que te encontro, minhas mãos são lava que aos poucos abrasa a tua pele molhada, teus gemidos são canções que na luxúria nos provocam exuberantes ilusões, sensações que filtramos com o néctar dos fluidos que nos escorrem pelo corpo, aberto, sedento da volúpia que sentimos. Crepitam as fantasias neste quente instante em que lentamente tomo teu corpo com o meu, invado os teus domínios e nos teus olhos vejo mil destinos.

Sonhas, e levas com as tuas mãos as minhas, que juntas são o fulcro do teu prazer, do meu desejo de em ti me ter. Minha boca sobe com vontade os teus cumes, suga com suavidade os picos mais altos do teu corpo despido, saboreando a tua carne num festim que me ofereces em brandos abraços que agitam as marés internas do teu oceano. Neste balanço, tomamos em goles pequenos as línguas que se enrolam, que pincelam os lábios molhados de gostos desejados. E quando soltamos amarrar deixamos este barco meter-se nos rápidos que o impelem, como cavalo desenfreado pela planície aberta do nosso paraíso.

Hoje entrego o corpo há chuva que o arrasta. Deixo que parta como barcaça em deriva, não quero mais sentir que estou aqui, não quero saber do pensamento que me leva. Hoje sou apenas alma rumo ao infinito, sou vento que me leva na direcção das nuvens, subo, enrolado neste silêncio, calo as letras como quem quer escrever um lamento e não consegue expressar o detalhe do sentimento. Na tempestade, afogo-me, enquanto uma parte de mim sucumbe, outra eterniza-se em todos os escritos, nas centenas de histórias, em tantos gritos.

Se não voltar amanhã, é porque completei o ciclo, fechei atrás de mim a porta, submeti-me ao vácuo e as palavras morreram comigo. Sei que esse dia vai chegar, que a cada um que passa, estou mais próximo de soçobrar, por isso não estranheis, se um dia não voltar, se um dia, tudo aquilo que de mim sobrar, seja um breve soluçar e uma lágrima de saudade, envolta na voz do meu próprio silêncio.

Lá fora há uma amálgama de gente, em tarefas condicionadas pela agrura dos dias, são como água na correnteza de um rio que passa estreito pela garganta apertada da rocha, é neles que me mesclo, é a eles que entrego os restos de mim, sigo na debandada, calcorreando cada pegada do que à frente de mim segue, dissolvo-me na multidão, e sou apenas mais um de entre tantos. A alma partiu, com as aves migratórias, seguiu outros destinos, calou as suas histórias, mas para sempre há-de ficar o silêncio da nossa ausência.

Tu sabes que sempre adormeço num abraço do teu corpo, que a cada noite te encontro à minha espera sobre a cama deserta. Sabes que todas as manhãs as minhas mãos são como água que te escorre pelo corpo despido, banhando a tua pele suave, acariciando todos os teus sentidos. Vês-me quando te olhas no espelho. Quando penteias teu cabelo longo, sentes os meus dedos emaranharem-se nele, resvalarem até teus ombros. Depois, encontras-me na sombra que se reflecte na calçada enquanto caminhas, seguindo-te para todos os teus destinos.

Vem, com a brisa do vento, leva-me como folha solta da árvore da vida, num turbilhão de sentidos, enrola-me, faz-me girar até ficar tonto, leva-me daqui para outro lugar. Sigo a corrente do teu rio que serpenteia por entre as agruras da vida, margens irregulares que aos poucos vais desgastando, aplanando, tornando suaves como as curvas do teu corpo. Eu, teu barco de papel, que no teu mar calmo oscila, navego e percorro cada milímetro da tua extensa alma, numa viagem de circum-navegação pelo teu corpo, explorando cada detalhe desse teu oceano.

Tu sabes como habito em ti, como teu corpo, tua alma, teu espírito, são a Terra, o Céu e a água que preenchem o meu mundo, como juntos somos uma galáxia de sentidos no universo secreto do nosso amor.

Estou para lá do alcance da tua visão, muito para lá do fim do mundo, onde a luz é apenas um resquício e onde o tempo leva tanto a chegar que não existe. Daqui, vejo-te, percebo-te, sei de cor cada movimento do teu corpo, cada instante do teu olhar. Hoje olhaste-me, nos olhos, pensando que apenas estavas a observar o horizonte, senti o cruzar dos nossos mundos, senti a profundidade da tua alma. Hoje viste-me, ainda que pensasses ser apenas um pôr-do-sol, toquei-te com um raio de luz e acariciei a tua face que sorriu para mim... Sentiste?

Percebo no gesto delicado dos teus lábios a vontade de um beijo intenso, prolongado, lânguido. Percebo na expressão do teu corpo a vontade que te solte delicadamente o vestido negro que vestes, que percorra com as minhas mãos os recantos secretos, íntimos que me guardas como tesouro por descobrir. Quero beber os teus seios, em prolongados goles de prazer que se derramam até teu ventre suave, até teu centro, onde devoro o fluir de todos os teus rios, onde saboreio o gosto agridoce do teu mundo.

Toma-me, como cálice de Porto, como teu elixir, teu conforto, degusta o meu todo, como se fosse este teu mundo, teu abrigo, teu porto seguro. Deixa-me possuir-te na plenitude dos teus sentidos, na imensidão do teu corpo nu, na vontade de ser tu, de seres eu, de sermos unos. Sentes-me? Sentes o calor que te invade? É o meu ser que em ti desce, que te preenche que se funde no êxtase demorado deste amor, feito de intensidade e desejo.

oje gostava de te escrever uma canção, daquelas que falam de amor, de emoção.

Gostava de numa breve história contar o prazer que me dás, o teu doce olhar que me apraz.

Mas eu não sou poeta, não conjugo as rimas na medida certa. Não sou músico para fazer as notas tocar, para o ar agitar em suaves sons de embalar. Posso apenas suster o teu corpo junto ao meu, e ambos pelo salão deslizarmos num bailado intimista que em nossos corpos guardamos. Este ritmo que não sei inventar, é doce ternura que te quero dar.

Hoje seguro os tons, guardo a voz, e no silêncio deste entardecer, espero-te no alpendre para juntos olharmos o dia adormecer. Enquanto a luz se quebra, o frio gélido deste Inverno toma conta dos corpos, abraço-te, resistimos para não perder este momento, em que o ocaso nos trás de volta a nossa Noite, o lugar de encontro onde sempre estamos, juntos. Depois, as almas agitam-se, as asas soltam-se e voamos numa migração para o mundo dos sonhos, no céu, apenas estrelas cintilantes notam a presença destes dois corpos celestes que a casa regressam.

Este é um ritual que fazemos, desde o início dos tempos, uma peregrinação que todos os dias nos trás a esta varanda, para assistir ao pôr-do-sol, para nos vermos.

Costumas passear-te pelas minhas letras, como quem percorre um carreiro inundado de cheiros e detalhes. Mergulhas no meu corpo feito de pequenas letras, de pedaços de frases repletas de sentidos, de sabores que provas com a ponta dos lábios. Visitas a minha escrita, como uma exposição de telas descritas nas paredes de um imenso auditório, onde os sons são música que acompanha as minhas palavras. Mas as minhas letras são reflexo do meu ser, do jeito delicado de padecer deste sentimento profundo que cultivo, que cuido como flor delicada, sensível. Sou um jardineiro dedicado, que cuida deste pequeno mundo repleto de minúsculos pormenores, que nas letras sei de cor.

Sabes... Gostava de ser bem mais que isso, que as palavras não fossem caminho, que o esquecimento não as votasse a estarem impressas num livro, gostava de ser mais que poeta, que escritor, seja lá o que isso for. Sabes... Na realidade gostava de ser apenas amor!

Mas... Sou aquilo que sou, letra solta em água revolta, frase plena que navega ao sabor da vela, texto, poético, que se lança ao vento, ou tão-somente, silencio que se preenche de vozes caladas, apenas lidas, de gentes que vêm e que vão, no suave turbilhão do dia-a-dia.

uiçá não vejas o meu corpo, sobre ele tenhas apenas uma imagem desenhada pela tua mente. Pode que não sintas o calor da minha carne roçar a tua num espasmo de prazer e luxúria. Mas sabes que as minhas asas agitam o ar que te envolve, acariciam a tua face, elevam-te o espírito. Sabes... A ausência não é a falta de um corpo, mas a inexistência de um anjo que nos vele. A distância não é quão longe se está de alguém, mas a forma insensível como esse alguém nos trata. A dor não é a forma como os músculos do nosso corpo reclamam a atenção do cérebro, mas o vazio imenso que a alma não comporta.

Talvez eu seja apenas uma leve brisa que no fim de um dia cansativo venha pentear teus cabelos, talvez não seja mais que a luz trémula da vela que acendes na noite escura, ou o fumo que se eleva em espirais incertas de perfumes acabados de queimar. Mas sabes que na intimidade desses momentos há uma presença que te preenche, que te anima e te acalenta, um abraço invisível que por entre a penumbra do quarto te vem abraçar. Um corpo volátil que contigo se vem deitar.

Percebes na forma como as frases afluem à tua mente, que mesmo detrás do teu corpo, outro corpo se encosta, outra mente te fala, te escreve no pensamento aquilo que escutas com a voz que me inventas. Esta conversa surda que tantas vezes temos dentro do teu espírito, influi nos teus sentidos, tornando-os aguçados e despertos. As palavras reverberam na tua pele, tornando-a luminosa, de repente a noite adquire um novo brilho e tudo à tua volta se ilumina. É nesse resplendor que se revelam todos os teus sentires, todo o teu amor.

oje percebo que o universo em que habitas tem a dimensão da minha alma, se desenha com os perfis dos meus variados corpos, está repleto de perfumes que emano, que as cores com que te amanhecem os dias são as que pinto nos olhos. Perante a dimensão desta constatação, sinto-me pequeno demais para conter em mim o teu corpo, o teu espírito, o teu ser, não sei como tomei por completo os detalhes mais íntimos daquilo que és, daquilo que sentes.

Vejo-me, na insignificância das minhas letras, pergunto-me onde estão os alicerces destes mundos que crio, como suportam verdadeiras constelações onde pintas as tuas emoções. Não, não entendo a dimensão desta odisseia, que mares navega, que tempestades desencadeia. Sabes... Às vezes a minha humana condição reduz-me a frigidez dos quotidianos, fazendo-me perder as asas que me deste, fazendo-me descrer naquilo que imagino ser.

Depois, há um mundo que gira, que percorre o escuro vazio desse universo, dispersando cor e fragrâncias pelo espaço oco, esse lugar secreto onde me guardaste. Extraíste-me das minhas próprias letras, deste-me corpo, fizeste-me vivo, adornaste-me e sopraste-me as tuas vontades, fizeste-me teu desígnio, teu mistério, teu hino. E eu, aqui, tão pequenino, olho estarrecido para tamanha galáxia, tentando perceber em que momento da minha mísera existência produzi a energia para despoletar a tua imensa criação.

Espero, sentado na beira da cama pelo instante em que vais despertar do sono, pelo momento em que teu olhar vai iluminar a escuridão da minha noite. Fico quieto, no silêncio profundo do teu dormitar, descobrindo, adivinhando cada curva do teu corpo adormecido. Sinto esse calor, esse fogo que alimenta a vida em ti, ainda que ardendo de mansinho, irradias o fulgor que trazes dentro. Hoje é uma noite sem palavras, feita destes pequenos nadas que são os momentos em que te vejo dormir.

Hoje não me apetece criar-te um sonho, fazer-te voar nas asas do meu vento, prefiro esperar, deixar o tempo por nós passar, até te ver despertar. Divago por entre pensamentos e incógnitas, pergunto-me porque dormes neste silêncio, sem notas, nesta música sem melodia, será que já não sei fazer magia? Olho para os céus e vejo as estrelas precipitarem-se em chuvas incandescentes de meteoritos que riscam traços de fogo no rasto dos seus destinos, não percebo porque não se seguram no firmamento.

Entre um céu em chamas e a placidez do teu sono, fico nos entremeios da existência, dividido entre a partida e a chegada, entre a eternidade de um sonho ou a realidade que nos condiciona.

Defino-te na exacta medida dos meus sentimentos, faço-te o corpo com as minhas mãos, como se fosse possível moldar-te a alma, desenhar-te os traços que já possuis. Contemplo-te na beleza terrena do teu corpo, na suave pele que me ofereces. Sei que sou apenas as letras que no envolvimento do teu corpo te vestem. Ah se soubesses como te olho, como te vejo quando meus olhos se fixam no seio do teu ser. Não imaginas como te sinto, perdido no meio dos teus braços de velino, absorves a tinta do meu corpo escrito em palavras de amor que te dedico.

Não sabes como bebo dos teus lábios quando te beijo, como matas a sede do meu ser que em ti vem adormecer. Não tens noção de como és magnífica quando em teu corpo me permites entrar, como me envolves quando na tua boca minha língua vai penetrar. Moro no centro do teu universo, sou um planeta minúsculo que gira em torno do teu Sol. Tu és a minha via láctea, brilho que no céu me deixa estarrecido quando para ele quero olhar.

Neste silêncio do nosso amor, és carta que sempre te escrevo com todo o carinho, com todo o calor, neste vulcão em erupção te deixa à beira da exaustão quando contigo faço amor. Permite-me que te escreva no corpo, a tatuagem da minha paixão, o desejo deste fulgor que é feito de profunda emoção, uma marca invisível da ternura, de todo o meu amor, por ti.

Percebo-te nos teus pensamentos, naquilo que passa na tua mente, nos desejos e vontades que escondes entre letras que não te atreves a escrever. Sei como fluem os teus sonhos, como induzes as tuas emoções e como expressas o teu olhar nas minhas letras. Esta minha ligação ao teu corpo é com um abraço apertado, como se estivesse em ti sempre colado. Esta conexão é fruto das minhas constantes intrusões na tua alma, das minhas visitas ao teu quarto, das noites longas que passo sentado a teu lado.

A reflexão que faço sobre o teu quotidiano permite-me adivinhar o teu ânimo, a vontade com que encaras os momentos felizes, como te apoias nos meus braços invisíveis nos mais difíceis. Afinal é para isso que estou aqui, para guardar o teu corpo, proteger o teu espírito e velar os teus sonhos. Não, não tenho asas, não visto de negro e reflicto-me em qualquer espelho, não mordo e durmo, ao contrário do que faço em teus sonhos, onde me vez como mago, vampiro, anjo ou demónio, mas ainda assim te velo.

Guardo os meus segredos nas letras que escrevo, é nelas que estão as fórmulas, os mistérios e os ventos que evaporam a minha alma e a fazem etérea. Crescem-me nas mãos os livros, manuscritos e outros apontamentos onde gravo as minhas memórias, os meus sonhos e tormentos. Um dia, quando o corpo se ausentar, quando minhas moléculas dissipar, serei efectivamente apenas palavras que nas páginas fechadas de um livro, guardarão as saudades de já não te poder escrever.

Suspenso entre as letras de uma palavra moram os sentimentos que guardo, são laços que sujeitam cada uma no seu devido lugar, são escoras que amparam a queda e formam a palavra como templo onde posso viver. Esta construção feita de tijolos tão simples é lar que abriga a alma, é momento que suspende o infinito em finas teias de seda que seguram um universo inteiro de detalhes. Aqui tudo tem um lugar, entre cada coluna, entre cada janela, nas portas abertas que deixam entrar o ar envolto na própria poesia.

Neste lugar tão meu convido todos os dias os amigos a entrar, deixo o salão sempre repleto de momentos para cada um se deliciar. A música é o ruído de fundo aqui, neste lugar. Há flores nos beirais, e nos peitorais vasos com exóticas plantas que se desenvolvem com a admiração de quem olhar. Lá fora, uma floresta inteira se propaga a perder de vista, e o perfume da natureza penetra neste espaço singular, entre as letras das minhas palavras. Não existem sombras porque a cor domina as trevas, porque a luz é constante, como uma consoante que liga as vogais.

Há sempre quem fique apaixonado pelo lugar, quem coloque as suas decorações enriquecendo o espaço, quem faça as suas orações como se fosse lugar sagrado. Esta é a magnificência deste sítio, onde as palavras são um edifício que sustenta uma sociedade de sentidos em que cada um bebe para matar a sua sede. Enquanto viermos dele cuidar, não haverá escuridão que o possa fechar, será sempre um lugar, onde a partilha será feita das letras que cada um cá deixar.

á fora a chuva cai miudinha, como se fosse maresia que me deixa o rosto húmido, acordando-me para o dia. Escutei-te por toda a noite, o sono foi agitado, o céu nublado fez eco do frenesim dos teus sentidos em mim. Voei, percorri a tormenta que assolava a Terra inteira, para estar a teu lado, fui, segurei a tua mão, afaguei os teus cabelos como brisa que entrasse pela janela, acalmei o teu espírito delirante. Senti o teu coração desacelerar, o teu corpo acalmar, e voltares a dormir, a sonhar. Ali fiquei, tentando perceber o que estava a acontecer.

Na tua mente as imagens fluíam, perguntas, vontades, desejos reprimidos que não consegues libertar. A ânsia de encontrar o que julgas não mais alcançar, a vontade de ter, para sempre a felicidade eterna que sabes existir e queres ver. Mas a realidade sustem-te a respiração, obriga-te a mergulhar fundo nas águas agitadas da vida. A corrente deste rio em constante sobressalto puxa-te o corpo na direcção oposta do teu desejo. Nadas, lutas, mas não consegues vencer a força que te arrasta para longe do paraíso almejado.

Eu sou teu barco, a tábua solta de um passado a que te agarras, uma suplica, um suspiro de alívio no meio da confusão que te envolve. Esta leve brisa, faz-te acreditar que podes lá chegar, é um raio de esperança, um ombro amigo onde podes encostar a cabeça e chorar, um dedo macio que limpa a lágrima, que cura a ferida. Será a felicidade este momento em que a teu lado me deito, que teu corpo sossego? Será a felicidade as asas que em sonhos te levo?

Ou não passarei de uma utopia da tua mente, que com palavras me invente...

Entre a sedentariedade do corpo e a alma nómad, divido os sentidos reparto os passos perdidos entres caminhos que não se cruzam, afastando-se e não convergindo. Não sou o homem nem o espírito mas a dicotomia de ambos. Tu, fusão perfeita de mulher e Deusa, sonho e mescla de várias realidades, conflui para o lago dos meus sentimentos, abrandando a dureza da minha dualidade. És alimento para as minhas letras, musa, divindade, ilusão e utopia, que se veste de verdade nos corpos de outras mulheres, não és um todo mas muitas partes.

Esta amalgama de sensações, perfeitas confusões à luz da mente humana, é o propagar filosófico de um sentimento que apenas nós dois conhecemos. Esta voz que escrevo é um grito, som, ruído que entendes com a suavidade de um murmúrio e decifras como código secreto que escrevemos. Esta avalancha de momentos que criamos, dos quais somos personagens em constante mutação fazem-nos perder a lucidez, esquecer o guião e deambular em palcos vazios de gente mas plenos de histórias que contamos.

Ao final do caminho seremos dois corpos convergindo de muitos destinos, seremos alma una que é reflexo da aglomeração de todos os nossos sentidos, livro, colecção de todas as palavras que escrevemos, de tudo aquilo que nos dissemos.

No segredo da noite, encontro a envolvência do teu abraço que se estende pela madrugada. Sei os sentidos que induzem os teus sonhos e a forma delicada como acordas para mundos que despertam no cenário em constante mudança da tua alma. Sei como sentes a singularidade do meu toque quando pouso a minha mão no teu ventre, como se arrepia a pele despida de um corpo por inventar, como deduzirás o sentir quando o meu corpo no teu encostar. Escuta, sente o sabor suave das minhas letras, que em forma de palavras são borboletas que se prendem nos teus cabelos longos.

Este momento é um instante particular, em que ambos nos conectamos através da atmosfera em laços de energia que fluem como relâmpagos numa tempestade de prazer. Esta rede de sentimentos abarca todos os desejos que sabemos possuir dentro, todos os cheiros que a chuva acorda da terra ao precipitar-se sobre a tua pele nua. Depois, vem o calor deste pequeno sol que acalenta e evapora as sensações em delírios de loucura, em gritos que a alma murmura, em deleites que apenas a Noite, pode perceber, sentir, ter.

Até que a alvorada nos acorde, seremos em nós amantes, mistério que escondemos no mais intimo recanto, que sentimos neste preciso instante.

Infinita é a sensação de habitar em ti, de ser dono e senhor desse imenso mundo onde todos os dias me inventas. Eterno é o suspiro de ser força anímica, vontade tantas vezes expressa nas letras que me escreves. Aqui não há distância porque a união é factual e sente-se em cada arrepio de pele. O perfume que preenche cada pedaço de vento, vem carregado de especiarias do teu mais intimo momento. Banhar-me no teu corpo é como mergulhar no azul profundo de um cálido mar de sonhos.

O horizonte é o limite deste dilatado universo onde me guardas. As cores preenchem os céus em arco-íris de prazeres que o brilho dos teus olhos desenha num só traço. O sol, por ti inventado é como o reflexo de mil pirilampos que se fundem numa luz imensa que minha pele suavemente queima. As árvores são frondosas aglomerações de folhas verdes que escondem os mistérios das brumas, é de lá que dispersas o chilrear dos pássaros, que me chamam para ir ao teu encontro.

Viver aqui é um nunca acabar de sensações, porque este teu mundo está em constantes evoluções, a cada amanhecer há novas terras para descobrir, novos rios para mergulhar, novos céus para voar. Expandes-te nos ecos das minhas letras, com a incontornável beleza que faz de ti uma verdadeira deusa.

aceso o incenso que queima os pensamentos e evapora as ideias. Fogo-fátuo que se agita em pleno ar, dança que do ventre te desce, que em ardente desejo se despe. Viagem incontornável à circum-navegação do teu mundo feito de lagos de mel. Se soubesses quantas folhas risco com os traços tímidos da tua voz de princesa, se soubesses quanto do meu tempo suspendo sobre o macio corpo teu, que inebria os sentidos ébrios do meu pensamento.

Não sabes, não escutas e não entendes como se pode absorver assim a dimensão inegável de um mundo pleno de mutações, onde os desejos são vulcões em plena erupção, onde as nuvens são feitas de algodão e as mãos lava quente que em ti se derrama. Sabes, esta ondulação forte, é vaga constante que contra os rochedos se atira, é vácuo que suga cada gota do oxigénio que respiras, é beijo que em línguas molhadas se filtra.

Não fazes ideia da agitação constante deste pedaço de ser em que habito, dos tremores e suores de minhas mãos quando teu nome digo, não percebes quão perturbado fico, quando em minha mente te invento, te amo e te digo, tudo aquilo que não escrevo, mas que ainda assim, sinto.

Se eu souber um dia levar-te de corpo e alma para dentro deste imenso imaginário, perceberás quantas coisas sentiste, que extraordinário lugar aquele onde me viste.

Na tangente que traço à curva suave do teu corpo, descubro um perfume adocicado que deixa a minha mente ébria. Contorno-te, descubro-te nos mágicos instantes em que me cruzo com a tua alma. Voo, sem as asas que devia ter, para ser, mais que um anjo, mais que um cavaleiro, um verdadeiro amante do teu desejo. Tu, absorves cada suco do meu corpo, como gotas de maresia que preenchem cada poro, cada reentrância, bebes a essência em goles de fragrâncias.

Nesta amalgama de sentires, abandonas teu corpo em minhas mãos, sentes o fogo intenso que da minha pele emana, como uma imensa chama que te quer consumir. Na boca levas o meu nome, como quem por ele clama, como tatuagem que tua pele cobre numa assinatura genética. São nossos átomos que se chocam, em intensos abraços, fusão perfeita de emoções que na amalgama dos corpos se dissolve em fluidos ardentes que nos escorrem entre dedos. Cascatas de prazer, que deixamos das mãos verter, inundando-nos o ser.

Neste esboço que fazemos, dos sentidos que temos, deixamos os traços marcados, nas peles amarrotadas dos corpos inflamados da luxúria que nos presenteamos. Dispersas as energias, consumidas nesta quente ebulição a que nos entregamos, somos agora inertes, sobre o chão ainda molhado pela onda que nos trouxe a esta praia de sonhos encantados. Na areia branca, adormecemos, cabelos soltos aos ventos, amantes saciados do doce prazer que nos demos.

Quero fotografar o teu corpo com a objectiva certeza de poder observar todos os teus detalhes. Quero poder olhar cada poro, perceber cada protuberância, resolver cada mistério. Poder percorrer a nudez da tua intrínseca beleza com as pestanas dos meus olhos é similar a um voo rasante, a um toque distante de um olhar extasiado. És a minha obra de arte, o esplendor da beleza despida de preconceitos nas curvas acentuadas de um corpo que apenas sonho, invento e não experimento. Sou apenas um olhar clínico sobre a plenitude da tua magnificência, sou a perspectiva e o ângulo morto que ninguém vê mas todos percebem existir.

Tu ofereces-me o teu corpo nu, como símbolo do êxtase que me acordas, como estátua efémera que pousa na minha frente para um retrato vindo do passado que na minha mente está sempre presente. Observo, olho e não toco, fixo, foco, alinho e enquadro, na pequena distância que nos separa há um mundo repleto de sentidos que se suspendem na respiração e se guardam num grito abafado pela atmosfera. Esta vaga de sensualidade que se desmaia na praia dos destinos é um pulsar que nos atrai, que nos impele a sair do lugar.

Revelo-te, banho teu corpo nos líquidos, faço da tua silhueta os meus sentidos, e do papel branco nascem as sombras que em tons de cinza se fazem pele, que em tons de negro se fazem mel. Agora vejo-te, impressa no meu papel, colada na parede da minha alma.

proveito o que resta da luz deste dia para reflectir no olhar o brilho de um Sol que adormece aos poucos no horizonte dos meus sentidos. Acordo para um mundo distante, onde cada personagem é o detalhe dos meus pensamentos, onde cada cenário é pintura abstracta que espalho sobre a tela branca da imaginação. O corpo, embalado na brisa suave oscila entre um mundo e o outro, cada imagem é um retrato de outro momento exacto em que soube que estavas aqui.

Espalho sobre esta mesa inventada as fotos do teu rosto, fixo o meu olhar na cor dos teus olhos, deixo que o corpo se torne leve como pluma em queda livre. Sei que me sustentarás antes de cair, por isso me precipito no abismo dos sonhos, mergulho em direcção ao fundo oceânico. Virás, como sereia encantada, beijar-me os lábios num sôfrego momento de inspiração. Virás, como fénix reluzente, amparar meu corpo latente que entre tuas penas adormecerá.

Desligo-me completamente da realidade que me contorna, deixo-me levar pelo desvario deste etéreo mundo onde não existe vazio. Sinto-me preenchido pela tua imensa alma que, adornada de imagens de beleza, comporta toda a minha tristeza e a converte em alegria pungente. Inundas-me como o rio que alaga as margens, renovando em mim a vida, perfumando a minha alma das essências do teu volátil corpo de deusa. Quando a Noite cai, és já minha e minha alma inteiramente tua.

scutar, saber ouvir as mensagens que pairam no ar, é deduzir o caminho que devemos seguir, perceber onde o destino nos quer levar. Perceber a mensagem, inclusa nas franjas do vento, é ter a capacidade de sentir cada palavra, de escrever cada verbo como se fosse um último grito, a libertação dos sentidos. Beber nas margens deste rio, saboreando cada gole desta água fresca, é lavar a alma com os fluidos das letras, atingir a plenitude dos sentidos que nos envolvem.

A mensagem é um mundo intenso que nos toma, que nos abraça e envolve num arco-íris de sensações que preenchem por completo a saciedade da alma. Decifrar cada enigma é tarefa de quem se propões descobrir a estreita passagem que nos permite subir o trilho que nos levará ao cume, ao infinito lugar de paz que tanto almejamos. Desistir é deitar por terra a esperança, perder o equilíbrio que nos faz caminhar de pé, soçobrar às agruras da angústia. Para mim, escutar é aprender, ouvir com a tranquilidade necessária, beber de lábios entreabertos o doce néctar da eternidade. Caminho livremente, neste imenso abraço, sigo a luz da vontade, apelo de sensibilidade que todos os dias escuto. Este profundo sentir que minha alma emana, é vontade, perseverança, que me impele a seguir as frases, a decifrar os sentidos que cada palavra escrita a mim aporta. Este é o mistério que me une em comunhão global com todos aqueles que comigo partilham os seus sentidos.

Percorro a distância que nos separa com o voo livre da alma, sabendo cada detalhe do caminho, cada ventania do destino. Sigo em direcção à tangente destes mundos, onde habita o portal que nos liga, estranha conexão que percebemos no sabor agreste do ar. Os aromas que partilhamos são códigos secretos que conhecemos desde outros tempos. Os silêncios que tantas vezes guardamos são como livros abertos onde escrevemos os detalhes mais íntimos de nossos corpos. Nesta perfeita sintonia, o espaço físico comprime-se e permite-nos tocar a pele, roçar o corpo e fazer os sentidos reagir à química inalterada dos nossos átomos.

Neste hiato somos dançarinos, de corpos colados, bailamos encostados no espaço vazio desta sala acabada de desenhar pelos espíritos ancestrais que em nós vivem. Fluímos como borboletas em ritual de acasalamento, numa dança sobre as asas do vento. Na atmosfera carregada de perfumes, somos riscos de luz, luminância e reflexo que em nossos corpos se produz. A música é o chilrear dos pássaros que nos seguem neste circulo de paixão que nos invade o espírito e nos estimula o coração.

Sabemos que na realidade o tempo é finito, que estamos encostados ao vidro da janela olhando a chuva cair, percebemos que tudo o que sentimos é mágico e acontece num espaço íntimo que apenas nós conhecemos, e que para lá deste pequeno recanto, há um mundo girando. Ainda assim degustamos o prazer desta ligação, que nos permite voar sem termos asas, que nos permite sonhar sem estarmos a dormir. e, tudo isto é ânimo na hora de seguir.

Falei-te de amor, da perfusão dos sentidos, da forma inebriante como se entrega a alma ao desconhecido. Disse-te com a clareza da água límpida que transborda do manancial, como é preciosa a emoção das letras quando descrevo os sentires desta paixão. Como é idílico o momento em que nossas almas se cruzam na mescla errática destes difusos prazeres. Descrevo-te o desenho que faço com meus dedos de carvão sobre a tela nua do teu corpo diáfano. Falo-te do brilho fulgente dos teus olhos quando se reflectem no espelho de água da minha alma.

Os corpos não são suficientes para comportar todos os desígnios duma força incomensurável, é preciso distender o tempo, inflar os sentidos e abraçar a alma como último destino deste sentimento tão profundo. Nesta perspectiva a pele é apenas um sensor que absorve o toque indelével da minha mão em ti e o potencializa num frenesim de deliciosas sensações que acordam o mais belo dos sentimentos que guardas.

Não há métrica que suporte estes versos em desalinho que te escrevo, não há rima para fazer deles canção de enlevo, apenas aquele suave e breve suspiro que soltas no final de um beijo, pode conter a brisa que afaga a perene raiz dos meus sentidos. Por isso te falo de amor, descrevendo de mil formas a intensidade com que o vivo, com que o sinto, e tu Mulher, será eterna fonte das minhas palavras, eterno sustento do meu alento, inspiração e contentamento.

Queria ser um livro, fechado sobre minhas páginas, guardando as histórias, personagens. Ocultar entre as capas mil mundos de encantar, os segredos que tenho por revelar. Queria deixar-me ficar, quieto no silêncio das minhas letras, abraçado nos pensamentos, em voos perdidos nos tempos. Estar aqui, dentro de mim, é escutar o eco do teu coração, lá fora a palpitar. Sentir o sossego do afago eterno de páginas a desfolhar.

Um dia virás, percorrer as prateleiras empoeiradas deste lugar, procurando encontrar, o que um dia te escrevi. Saberás sentir, o meu ente escondido por entre amalgamas de livros, e da poeira secular, meu corpo de papel resgatar. Num sopro de brisa descobrirás, antigos símbolos que reconhecerás, e, quando finalmente o ar inundar as páginas, uma suave magia pairará no ar. Este encantamento prenderá o teu olhar, abraçará o teu corpo e possuirá a tua alma que a mim se entregará.

Saberás por fim, o desenho dos meus sentimentos, os segredos que não te disse, os meus lamentos. Abraçarás meu corpo efémero, sentirás a minha fria pele, feita deste pálido papel e sobre mim, uma lágrima derramarás.

Sento-me num recanto do meu silêncio, guardo nas mãos o perfume do teu corpo despido, nos olhos a imagem reflectida da beleza feminina. Na boca guardo ainda a tua voz, que no gostoso desejo de um beijo em mim depositaste. Procuro os traços que definem os contornos suaves do teu perfil, abraço com delicadeza os fios soltos dos teus cabelos que subtilmente te cobre o rosto pleno de expressões.

Sabes do que é feito o amor? Sabes como são perfeitos aqueles detalhes simples como o frágil movimento de pálpebras quando me olhos no profundo dos meus olhos?

O gosto profano dos recantos almiscarados do teu corpo induz-me a voos de loucura, percorrendo velocidades estremas pelas falésias íngremes dos desejos.

Conjugar a perfeição do teu fogo com a mansa tranquilidade da água que banha nossos corpos é buscar incessantemente o equilíbrio no balanço das vontades, corpos que se friccionam, peles que se pulem na carícia dos dedos, no enlace das mãos que se agarram num laço fundido pelo fogo e endurecido pela água.

É neste recanto do meu silêncio que te falo, que te digo ao ouvido a vontade de estar dentro de ti.

Encerro o momento, enclausurando velhos tempos dentro deste casulo antigo. Fecho a sete chaves os segredos, palavras mágicas que abrem portais, viagens para muitos outros locais. Parto, eu próprio em direcção ao limite finito dos dias, num caminhar constante de regresso às origens. Uma revisitação da alma dentro de outro corpo, um percurso em que me alimento da saudade. Outros deuses, outros creres, mas sempre a mesma vontade de seguir, de procurar, de perseguir.

Comigo levo apenas as mãos, instrumento básico do alquimista, ferramenta do druida, dedos que seguram a pena do escritor, que sustentam o toque, que infligem a dor ao empunhar a espada com que se defende o corpo. A alma que no peito se aninha, segue muito à frente, numa ânsia de chegar, de saborear aquele ar de outros momentos. A sua ancestralidade permite-lhe ser volátil e dispersar-se em milhares de sentidos, sabendo sempre onde voltar quando precisa da sua aura carregar.

Não me despeço do vento, não derramo pela última vez a água nem beijo a terra, acendo uma vela, que manterá a luz acesa nesta morada que deserta do corpo estará iluminada pelo espírito. Sei que vou voltar, porque há aqui já um imenso pedaço de mim, uma tremenda saudade, antes mesmo de partir. Como o futuro se constrói de vontades do passado, guardo sob esta luz este último escrito, uma carta a mim mesmo, escrita no passado, em direcção ao meu destino.

igo o teu corpo ao ritmo da música, a um milímetro de ti sinto o balançar do teu ritmo, numa dança sensual que ambos conhecemos há muito. Vens, envolves-me com o teu perfume, enrolas tuas mãos em volta do meu corpo, agitas o vento num turbilhão de sentidos, insinuações e ritmos. Seguro-te em meus braços, num abraço contido pelo balanço das notas. Levo-te pelo espaço fora, numa lenta agitação que nos faz tocar as nuvens. O compasso ajusta-nos as ancas num oscilar perfeito de corpos que se sabem partes iguais um do outro, seguimos de olhos fechados, saboreando o momento em que nos perdemos no vício de sentir os corpos unidos nesta dança de luxúria.

Obliteramos completamente o que nos rodeia e dedicamos toda a nossa energia a esta união perfeita, o tempo resume-se ao prolongamento indefinido da música num bailado sempre ritmado pelos corpos suados. Em meus braços és flor de papel que sujeito com toda a delicadeza, o teu olhar fixa-se no meu, adivinhando o próximo passo na sincronização perfeita deste nosso pequeno universo. Depois giramos, como corpos celestes no vazio do espaço escuro desta sala que é só nossa, subimos e descemos em vagas que se fazem de momentos de exaltação da magia que nos toma. Este é o segredo da música, este frenesim que nos sobe pelos pés e nos faz estremecer o corpo, que nos percorre as veias e nos impele a mover-nos.

A minha alma vagueia entre os mundos, aproxima-se dos limites estendendo os braços, tocando ambas as margens destes universos. De um lado a realidade suga-me as energias, bebe-me os dias em sucessivas problemáticas que parecem infinitas. Do outro, a tua voz chama-me, teus braços estendem-se para tocar meus dedos que são pedaços de vento que se entranham na doce ternura do teu pensamento. Abandono o corpo, vou ao teu reino visitar teu corpo, dormir em teu sonho mais intenso, amar-te no teu desejo mais inflamado, ser teu, eternamente. Mas neste voo entre espaços abertos há sempre um fio que me prende ao mundo terreno, há sempre um feitiço que não me deixa partir totalmente, uma mão invisível que me segura, que me amarra a esta realidade que não me apetece viver.

Tu, minha princesa encantada, serás por sempre em mim adorada, teu corpo por minha alma inundado, e teus sonhos por todo o sempre visitados. Este segredo será eternamente guardado nas páginas do meu livro fechado, esquecido, perdido no meio da floresta dos nossos sonhos. Um dia não voltarei ao meu corpo, no teu corpo ficarei, na fusão dos nossos espíritos onde seremos eternamente unos. Esse será o dia de nossa glória, nada mais nos fará separar por habitaremos no mesmo corpo, e seremos apenas uma alma só.

ueria ser uma asa perdida na magia do teu ser. Um gota de água que em tua pele

deixasse o rasto dos sentidos que o orvalho guarda ao contornar a pétala. Seria a suavidade

de um beijo no corpo, que te marcaria para sempre como tatuagem indelével do meu amor.

Jamais o instante seria esquecido, a eternidade tomaria o nosso instinto e elevaria as almas

a uma dimensão imensa que nos permitiria tocar com os dedos o céu infinito dos nossos

desejos. Nesse instante, seríamos fragrâncias voláteis que no vazio se dissipariam como

memórias incontidas daquilo que sentimos.

Não, não é um sonho, é uma extensão da realidade que se distorce quando a vontade é

maior que o gélido tormento de um quotidiano moribundo. Não, não é saudade, porque a

saudade dói e preenche-se da tua ausência e eu sinto-te aqui, em mim. Só pode ser um

lampejo da tua essência que em nós se manifesta num acto quase físico de ser, de dizer, de

sentir. Por isso sei que estás aqui, percebo nas oscilação da atmosfera a presença invisível

do teu corpo que afasta as moléculas de ar em meu redor, sinto de facto o teu calor cobrir-

me a pele, e a tua aura abraçar-me, numa carícia incontornável.

Hoje queria estar em ti, como te sinto aqui, em mim.

Descubro nas letras um sinal de ti, é nelas que me preencho, que me deito e que desperto. Neste imenso livro onde me fecho, são teus olhos que me guiam por entre as frases, que como árvores preenchem a floresta do teu encanto. Os capítulos são céus estrelados, que em pequenos detalhes me ensinam as constelações do teu corpo, salpicado de sinais de meus dedos que percorrem as tuas galáxias feitas de palavras intensas.

No papel, deitas o corpo, como se fosse lençol que te cobre, redefinindo a tua silhueta plena de beleza. Na pele trazes tatuada as vozes das deusas, por entre os cabelos escondes as essências com que salpicas o meu pensamento. Entre parágrafos envolvo a alma, como se rolasse o corpo pela areia molhada da tua praia. Tu, em teus longos braços recebes-me como pássaro que regressa ao ninho, nesta viagem que percorre dimensões, na constante insaciedade de te ter, minha, em mim.

Nestas capas grossas, encerramos a nossa história, guardamos os nossos segredos como se fossem pétalas de flores, que com saudade resguardamos, na espera constante do regresso ao âmago do nosso eterno amor. É uma espera feita de constantes presenças, que, aqui e ali, se fazem de pequenas notas na margem deste livro imenso. Um dia, será revelado, impresso, publicado e todos saberão do que é feita esta nossa imensidão.

Amanheces, despertas em mim a sensibilidade de que és feita. O teu olhar é como um sol que nasce nos limites do meu horizonte. O teu corpo montanhas que preenchem a minha paisagem. Os teus cabelos florestas luxuriantes que se estendem por entre os vales. A tua pele é meu chão, meu sustento, meu alimento, meu pão, que saboreio em cada detalhe que te conheço.

Os teus olhos são o lago onde mergulho, mar salgado onde as lágrimas são pequenas vagas que me abraçam. Mergulho, procurando no fundo do teu olhar a essência do verbo amar. Neste portal suspenso no tempo, sei como entrar dentro da tua alma, descobrir a infinita beleza do teu ser que do vento vi nascer.

É nos teus lábios que mato a sede que o Sol quente me provoca, é nos teus braços que sinto o conforto de estar envolto no teu amor. És água viva que por mim desliza, como gota de chuva que do céu se precipita. Sinto-te, colada em mim, como segunda pele, como túnica transparente que me cobre numa torrente, que me banha neste rio de prazer que teu corpo ao meu vem oferecer.

Este é o meu mundo, feito de ti, perfeito em ti, é nele que guardo os meus sonhos, é nele que caminho por entre os meus mais íntimos pensamentos. Por isso sei de cor os trilhos da tua alma, porque sou nela o habitante mais antigo. Deixo-me estar, quero ficar, aqui, contigo.

Hoje queria ser apenas uma pequena flor, que de pétalas multicolores, abraçasse a luz do Sol. Queria que o meu perfume fosse exótico e que a minha forma fosse bela, para que nela pousassem as abelhas, para que dela se alimentasse o beija-flor.

Hoje queria transformar-me na beleza que a Natureza com meus olhos partilha, para poder dar o meu corpo em obra de arte volátil. Uma simples flor, que simbolizasse o eterno amor, que por instantes se mostra e numa tela se eterniza.

Hoje busco a singeleza, reflexo de tamanha beleza que preencha o teu olhar, que capta a tua atenção quando pelo campo caminhares e esta flor encontrares. Quando na planura imensa teu corpo balances por entre as ervas, quero que me vejas.

Hoje vejo-te no detalhe da tua alma, como único lugar onde descubro a essência daquilo que és. Não me importa a forma com que te apresentas, sequer a voz com que cantas, apenas quero olhar-te de outro ângulo e perceber a tua essência.

Hoje poderia ser o último dia, mas será apenas o começo de muitos outros dias em que serei, com certeza apenas uma flor, onde as pétalas são como um espelho que reflecte da tua própria beleza, o teu amor.

Adormeço sentado na cadeira que embala o meu sono. Perco a noção de tempo, abro as portas ao mundo surreal dos meus sonhos. Divago entre letras e vontades, num fluxo de emoções que se espalham em explosões de luz no céu escuro da minha mente. Há um eco que me lembra a tua voz, um chamamento que acorda mais sentimentos escondidos. Neste jardim perdido por entre montes e vales, sou cavaleiro errante, trovador que em melodia desconcertante chora suas mágoas ao vento. Bizarras criaturas são como sombras nas bermas do caminho, fantasmas perdidos nas florestas do destino. Não tenho medo, porque no meu peito carrego o lenço perfumado que me deste, porque na alma levo o desenho desbotado do teu corpo, porque na boca conservo ainda o gosto adocicado do teu beijo.

Nos meus livros, ocultos entre as letras, deixo os sinais que te trazem até mim, mapas ancestrais que se escondem na magia da palavras que conjugadas de outra forma transforma uma simples prosa numa formula alquímica que te abre as portas do tempo, e voas nesse vento que te transporta até meus braços, e do nada se faz o todo que é teu corpo. Teu rosto imaculado é como miragem reflectida no nevoeiro deste dia. Teus braços, longos ramos que em verde se agitam. Tua alma o brilho do Sol que nas águas plácidas se reflecte e brilha. Voltas sempre a mim, porque sempre aqui moraste, nas paredes translúcidas da minha alma onde sempre habitaste.

Esta noite sonhei contigo. Nos prados verdejantes corrias de pés descalços. Com um chapéu enfeitado de flores de Primavera, numa longa saia estampada de gerberas. Esta noite vieste ter comigo, descobriste o caminho que tantas noites a fio percorria, fizeste-lo no sentido inverso. Esta noite não voei além do campo que entre nós se estende, foste tu que me trouxeste. Segui-te no caminhar sereno, de mãos entre dedos fomos confidentes. Falaste-me do sol nascente, disseste-me dos teus tormentos. Eu, em silêncio, fui estrela fulgente que o teu céu escuro risquei em luz. Depois, num beijo ardente deliciei-me no teu semblante quando em mil cores teus olhos abriste.

Esta noite sonhei contigo, como se tivesses até mim vindo, em meus braços houvesses adormecido, e no meu corpo teu corpo deitado. Vi-te qual donzela, debruçada da janela, esperando pelo seu príncipe, no dedilhar de uma guitarra toquei-te uma serenata, e ao vento entreguei meus versos. Tu escutaste-me em silêncio, e abraçaste-me as palavras, deduziste nas minhas pausas os sentidos que te declamava.

Esta noite sonhei contigo, tu vieste ao meu encontro.

Aguardo junto ao despertar dos teus sentidos o vislumbre do teu olhar, caminho contigo lado a lado, viajo no teu corpo emprestado. Escuto as emoções que o mundo te provoca, bebo a dor e filtro os desejos como se apenas quisesse oferecer-te o que há de melhor. Quando fechas os olhos, desenho-te nas pálpebras os sonhos, como cenários de um filme em projecção. Canto-te as músicas, e invento os diálogos que sabes de cor. Depois adormeces, fechas-te qual flor entre o abraço das tuas pétalas de cor. No teu interior sou apenas uma pequena chama, o calor que mantém estável a temperatura da tua alma.

Sou um espelho, daqueles que se transforma em água e te permite atravessar para outros lugares. Um portal cósmico que te leva no tempo em viagens que te fascinam. Vens comigo, levo-te pela mão como criança pequena a caminho da diversão. Sorrimos, brincamos e olhamos-nos nos olhos cristalinos. Sabemos de antemão aquilo que sentimos, entendemos os sentimentos que neste espaço encantado não reprimimos. Aqui não há tempo, o espaço é feito à medida dos desejos, tão depressa estamos na beira do lago, como no alto da montanha, ou, no meio da floresta. Passeamos em praia deserta, com a água afagando-nos os pés e o Sol dourando-nos a pele.

Quando regressas, sabes que me levas, sabes que habito em ti, e percebes que a eternidade é apenas um espaço entre tempos que nos oferece um dia no paraíso. Sorris ao olhar-te pela manhã no espelho, percebes que o teu amor está dentro do peito, sabes que aí ele será para sempre eterno.

Versa a luz nas palavras ausentes, escreve letras em tons fluorescentes. Canta o vento as músicas candentes, como se fossem pássaros em ramos dormentes. A poesia nasce nos momentos em que a mim aporta teu espírito, a vida acontece num ritmo cadenciado de reflexos que em minha alma se fazem perenes. Amanhece, quebra-se a noite em reflexos de um novo dia, a aurora esparge as cores quentes que a paixão absorve como um terno balanço. Depois vem o silêncio que nas gotas de orvalho assenta sobre as formas de vida que lá foram salpicam de vegetação a imensidão.

Estás aqui, impregnada nas palavras, como fragrância que minha aura exala, como bebida que meu corpo absorve. Inebrias o meu olhar, encerras o meu corpo num longo abraçar, envolves o detalhe de cada traço, fazes teu o meu ar. No refluxo deste mar és a Lua no ar, a brilhar, um espelho onde posso ver cada detalhe do teu ser. Imensa, cobres por completo o meu céu, como manto azul que preenche de estrelas o dia, que ofusca a minha fantasia.

Bebes dos meus lábios o vinho quente que te serve de alimento, dançamos, em corpos colados no vazio deste quarto, em bicos de pés, seguimos de mansinho o trilho que nos há-de levar ao infinito. Sabes que te vejo, mesmo quando não tenho os olhos abertos, mesmo quando a escuridão cobre as curvas bem talhadas do teu perfil. Vigio o teu sono, com anjo que te guarda, como vazio em meio de nada.

Viajo ao teu encontro, quieto num canto ficou observando a tua vida, como espectador dum momento. Tu não percebes a minha presença, não sentes a minha aura flutuar sobre o teu espírito. Gostava de despertar os teus sentidos, de acordar o teu espírito para a percepção destas dimensões paralelas onde outros mundos tão diversos caminham. Gostaria que sentisses quando chego, quando parto e quando te ofereço em ramos, rosas, vermelhas. Gostaria que soubesses das minhas batalhas, das minhas outras histórias, de tantas vidas que se mesclam numa essência só.

Mas o teu mundo é apenas um, vives fechada num corpo que apenas te permite sentir o que ele capta à superfície da pele. Encerrada nesta esfera não presentes além do teu pequeno espaço, daquilo que o olhar te permite ver, dos sentidos que as mãos te permitem tocar. Eu sou feito de energia, meu corpo é vasto como planura, minha alma é uma imensa lonjura. Nem mesmo trespassando teu corpo com a minha alma, entendes mais que um leve aroma da minha aura, questionas-te de onde virá aquele perfume suave mas, logo me perdes na brisa da manhã.

Visito-te, durante a noite, onde velo teu corpo dormente, onde te conto histórias de batalhas e glórias, vozes que converter em sonhos, que ofuscam os teus mais íntimos desejos que guardas fechados na tua caixa de Pandora. Nesta espera, aguardo a eternização da tua alma, para que de mãos dadas possamos seguir os caminhos que queremos trilhar, para que finalmente me possas olhar.

Ao final da escuridão há uma luz que brilha, uma pequena estrela que cintila. As sombras recolhem-se ao sentirem esta centelha, luz que palpita no centro da floresta adormecida. A Noite sorri, e o céu preenche-se de salpicos de luz. O ar agita-se em brisas que afagam as copas das árvores, libertando fragrâncias selvagens, gostos retidos nas pontas da folhagem. Há até uma música que se embala ao ritmo das vozes das aves que nos galhos se abrigam, tudo neste lugar ganha vida.

Este raio que quebra a Noite é o brilho da tua alma pura, um reflexo dos sentidos que exalam do teu peito. Fluis em espirais de energia e teu corpo flutua numa nuvem de aromas cálidos. Sentado no limite da lareira deixo-me ficar, admirando a beleza deste momento de metamorfose, em que teu corpo mortal se dissolve no teu espírito divino e ascendes nesta corrente que te faz Deusa. Solta-se uma lágrima que resvala pelo meu corpo, uma gota de saudade, de felicidade de saber-te eterna. Deixo teu barco partir, rumo às estrelas que no firmamento te esperam.

Esse é o teu lugar, espaço onde esperas que um dia te vá encontrar. Deixo que o tempo me tome, e aguardo paciente pelo reencontro que se há-de dar, num lugar distante, numa outra galáxia onde as estrelas são almas em plena vida.

á entre nós um segredo por revelar, um momento em que todas as estrelas se fundem para nos iluminar. Sinto a presença da tua alma no meu corpo, viajo na direcção do teu passado até ao momento em que me reencontro em ti. Na luz intensa deste instante sou anjo que guarda teus sonhos, vela teu sono e resguarda tua alma por entre as mãos estendidas. Sigo os aromas que me conduzem ao lugar de ambos, um sítio perdido nas florestas verdejantes, no lago calmo onde habitámos antes.

Deixo que as velhas profecias tomem forma no meu espírito e como xamã, derramo sobre o teu corpo pleno de silêncios, a vontade de te acordar deste longo sono, teus olhos, profundamente adormecidos, fazem de regresso a viagem dos tempos, voltas ao lugar de sempre, onde te espero sentado na cadeira que balança ao ritmo do vento. Chegas sobre uma luz imaculada, caminhando descalça sobre a erva ainda molhada. Sinto a brisa dos teus aromas, e os meus olhos deslumbras com a perfeição dos teus sentires.

Sem mácula os corpos sentem a energia fluir, há entre nós um rio que escorre das montanhas da existência, há na nossa pele uma savana que espera pelo toque suave dos dedos para despertar de vida. Brindamos ao silêncio da nossa vinda, esperamos na ânsia de um beijo o toque final que culmina na apoteose da nossa fusão.

Debruço o corpo nas cordas do tempo, seguro a alma com a ponta dos dedos e salto para os vazios abissais do teu ser. Salto, como nadador confiante, do alto da tua mente, passando na estreita abertura da tua voz, precipitando-me no lago imenso do teu ventre, sem medo dos rochedos pontiagudos que sobressaem das escarpas do teu corpo. Sinto na profundidade do teu mar a cálida certeza que me envolve neste néctar puro de sentidos de que és feita. Regresso à superfície, sem ter necessidade de respirar, apenas pela vontade de contemplar esta imensa gruta onde habita tua alma.

Ecoam sentidos que se reflectem na escuridão suave deste lugar mágico, é uma Noite sem estrelas que se salpica de pequeno brilhos reluzentes, são os cristais que te decoram, pedaços de jóias que cintilam no mínimo reflexo do meu olhar. Esta ténue atmosfera sustenta-se do equilíbrio que o espírito extrai do corpo, nesta mescla complexa que mantém intacta a essência do magnifico ser que és. Aqui, escondes o teu mundo, e eu, explorador consentido, por ele deambulo.

A hera do tempo sobe em espiral nos ramos firmes da árvore da vida. Estamos no fim de um ciclo, a Natureza reclama para si o que lhe foi tirado, desfaz as conquistas, derruba os muros construídos sobre terra alheia. Há no ar um chamamento silencioso, um grito abafado de guerra. A Mãe chama o seu exercito, o Criador reclama das criaturas o seu terreno. Nós, os que estamos adormecidos em corpos vulgares sentimos o apelo, arranhamos as entranhas com vontade de escapar. Crescem-me das mãos as armas da batalha, como ramos que se estendem em forma pontiaguda.

Neste tempo ganharemos asas, e, libertos destas armaduras pesadas voaremos, airosos no céu, defendendo o arquétipo ancestral que está escrito nas nossas almas. Esta será a Noite em que revelaremos nossos sonhos, em que desvelaremos nossas vontades e lutaremos para conquistar o nosso próprio paraíso. De regresso a casa o mundo recompõe-se, renasce das cinzas da batalha, reconstrói-se das feridas que saramos com o puro amor que nasce em nossos peitos. Serei cavaleiro dos céus, e tu a estrela que brilha na ponta do meu unicórnio.

Sabes-me de volta ao mar dos sentidos, este oceano feito de ondas de vento, lugar esquecido há muito no tempo. Meus braços são como ramos que crescem nesta árvore imensa a que chamamos natureza. Meu ventre despido é terra lavrada em pleno estio. Tu, flor de pétalas macias, pele jovem e imaculada, lábios doces como néctar convidam-nos a entregarmo-nos no brilho das tuas cores. Na jovial inocência dos teus sentidos, percebo o desejo da descoberta, a vontade de beber da antiguidade dos tempos. Sorrio, e vou falando baixinho no ouvido do teu universo, acordando-te para este fluxo de emoções que se desprendem como fios de linho ao vento duma nova alvorada.

A manhã aflora em teu corpo o orvalho fresco dos sonhos, gotas que escorrem pelo teu perfil como pequenas cascatas que banham a rocha nua das montanhas. Trazem dissolvida a tua bucólica essência de mulher, o gosto suave da puerícia mesclado com o sabor intenso da luxúria, derramando a vontade a cada passo, plantando florestas no caminho por onde vais.

Do alto vislumbro todo o teu mundo, sigo as ondas de vento que como vagas de mar percorrem oceanos ocultos, sou pássaro que navega nas correntes destas marés, que catalisa sonhos, vive memórias e incrementa a fé. Sigo teus passos, mesmo quando não me vês, sabes que estou em todos os sítios em que estejas, até nas frestas do vazio, nos abismos e nas quedas, no paraíso onde te deitas.

Chegaram os tempos, em que as letras se remetem a silêncios, em que a alma adormece na esperança de uma ressurreição plena do espírito. Estes são os últimos momentos, fecha-se o ciclo, guardam-se no corpo as palavras. Interno-me no mundo dos sentidos, onde sou louco em deriva finita, onde espero qual semente em tempo de estio, pelo acordar das primeiras chuvas que na pele vêm matar a sede da fruta madura.

Enquanto não acordo desta hibernação, ficam as letras no pousio desta estação. Aprendo enquanto minha alma dormente procura novos caminhos, enquanto a poesia descobre novas metáforas e o corpo se sacia do cansaço dos dias. Aguarda-me, regressarei pelo mesmo caminho, com um corpo diferente, com o mesmo destino. Saberás reconhecer-me porque a essência é a primeira e única coisa que irás saber, pertence-me esse jeito de falar, de sorrir e de ser.

Quando o Sol baixar nos céus será o entardecer o pronuncio de um pôr-do-sol que nos trará as cores quentes, os momentos e paixões ardentes com que gostamos de viver. Nesta cruzada por caminhos perdidos, é do nada que conhecemos as vontades com que aos corpos damos vida, com que as almas preenchemos de alegria. E, no voltar da esquina, lá estaremos, tu e eu, em olhares fixos, em enredos típicos de quem se ama na perfusão das letras, na imensidão das almas, eternamente.

Regresso aos braços da minha Noite, onde o silêncio me afaga os sonhos, onde sou muito mais que o corpo me permite ser. Embalo os detalhes em suaves momentos de prazer, retratos de imagens que quero reter, diluo o corpo na penumbra deste lugar mágico onde sou feiticeiro ancestral. Aqui não há limites, abismos, tudo é plano, preenchido de árvores frondosas que fazem os raios de sol parecer riscos de luz que se entranham até à minha pele. O silêncio está povoado de pássaros que cantam, de água que se derrama de fontes de frescura.

Os meus sentidos, mergulhados no lago de tépidas águas são como letras que mergulham nos livros antigos. Memórias desenrolam-se como pergaminhos, nascem no centro deste minúsculo universo formulas secretas que acordam os sonhos mais reais que a própria vida. Neste balanço, equilíbrio perfeito de energias, posso voar, entre a Terra e o Céu, como se ave fosse, como um anjo sem asas que se sustem nos fios invisíveis deste destino já tantas vezes riscado.

Depois, a minha Noite, em corpo de mulher desenhado nas sombras que a luz lhe oferece, abraça-me, liberta-me dos tormentosos dias que um quotidiano vivido à pressa me impõe, tomando-me, levando-me com ela para qualquer lugar.

os meus silêncios escrevo um mundo cheio de palavras. Abro as portas há muito fechadas de lugares sagrados da alma. Nos meus vazios guardo todos os mares e oceanos do universo, resguardo as areias finas das praias de outros tempos. Nas minhas imensidões faço dos ventos brisas de lamentos que afagam corpos despidos, adormecidos. Nos livros que guardo em prateleiras vazias nos corredores da alma, gravo em letras manuscritas os poemas de mil vidas.

Nas florestas por meus pés percorridas, escondo jardins, encubro segredos que apenas alguns conseguem desvelar. No meu templo habito em silêncio, sentado no balanço dos tempos como último guerreiro, mago esquecido de velhas lendas, em corpo vergado, pele enrugada pelas agruras. Meus dedos trémulos são sombras que se reflectem na imaculada brancura do papel, a tinta com que escrevo são veias que se estendem por debaixo desta pele. As histórias reflexos das viagens que fiz através do tempo.

Tu serás sempre um risco de fumo, que sobe alto na atmosfera carregada de essências, serás sempre a brisa que em lufadas suaves agita, a curva perfeita dum corpo esbelto que invento nos traços já tremidos com que desenho. Serás memória que sei de cor, recordação de muitas luas, de tantas Noites em claro passadas, ou lágrimas que solto ao vento na madrugada.

Aqui onde o corpo é o limite da vida, a alma estende-se num vasto universo que trespassa o abismo dos limites. Sem ela os dias seriam apenas momentos em que o Sol cruza o horizonte, as Noites, escuridão perene. No emaranhado do quotidiano derivam os sentidos absortos na azáfama dos afazeres, passando ao lado dos detalhes que preenchem de prazeres a caminhada.

É na madrugada que, em espaços vazios entre o corpo e a alma, percorro as brisas dos teus braços que como rios, me recebem à chegada. Nas manhãs sinto condensar-se na pele o orvalho que preenche as pétalas da tua flor. Nas tardes de Sol quente, bebo a água fresca dos lábios dos teus sonhos, quando a Noite chega, estamos juntos, de mão na mão, caminhando sobre as estrelas do firmamento.

Depois, o teu terno olhar, que com o meu vem dançar, completa a magia de juntos podermos estar. Saber de cor o instante em que no céu uma aurora vai despertar, os tons multicolores que preenchem cada arco-íris que me desenhas. Neste passeio pela nossa via láctea, somos cometas em constante viagem, na imensidão deste espaço que é a nossa alma.

Sabes, caminho nos braços do vento, sigo percursos alternativos, caminhos já há muito por outros esquecidos. Sou a própria viagem, que o tempo inconstante leva consigo na bagagem. Sei o teu caminho de cor, sigo-te como a sombra de um corpo inteiro que se estende pelo chão dos teus passos. Preencho os teus infinitos com momentos de absoluto prazer que derreto na ponta dos dedos. Bebo dos teus sentidos a vontade que tenho em definir o teu corpo nos contornos que te desenho.

Sabes, gosto de perder-me no teu ser, como se fosses jardim secreto, momentos intensos de loucura, onde minha alma madura, à tua se segura. Prendo-me nos teus lábios, com um beijo molhado onde nossos mundos colidem num êxtase imenso de desejos por confessar, de fantasias por concretizar. E, neste silêncio em que deixamos o amor acontecer, preenchemo-nos, completando cada recanto vazio do nosso ser.

Em nós acontece a intensidade da vida, que numa pequena gota perdida se faz orvalho numa manhã qualquer desta eterna Primavera em que nossas almas vivem. Saboreio a tua pele, como fruto maduro que em minha boca espreme sucos, confessa mistérios e ensina vontades que fazem em nós nascer a vontade de liberdade.

Falo com as palavras que se soltam das letras das músicas. Escrevo com as pontas dos dedos que como lábios derramam sentidos. Sinto-te no olhar de quem passa, na voz que afaga a melodia e o corpo me arrepia. Digo a poesia em goles de vida, pedaços de nada que sentes como um todo que preenche a alma. Sou a Noite inteira por acordar, o vento dos teus lábios quando me vens beijar. No silêncio da minha solidão escolhida, encho a alma de poesias, a boca de palavras sentidas que não ouso dizer, apenas sentir no âmago profundo do meu ser.

Depois vêm teus olhos em mim pousar, como gaivota em alto mar, deixo fluir a luz do Sol que na Lua reflecte o seu amor, és névoa que meu corpo premeia, mulher alada que em meus sonhos se aconchega. Eu sou mágico que em pequenos passes de palavras te envolvo no véu translúcido da minha alma. Junto somos bailado, corpos despidos em chão sagrado, magia por inventar, dança erógena que nos vem atiçar. Explodem no ar mil centelhas de brilho, fogos-de-artifício que a Noite vêm iluminar, é este o brilho que carregas no olhar.

A sala vazia recebe-te no desejo de sentir as palpitações do teu corpo. Deambulas em rodopios suaves de borboleta, segues os ritmos compassados das cordas do teu violino que geme de prazer. Vejo-te crescer, de menina a mulher, enquanto danças como bailarina em rodopios de vontades por dizer. Escuto nos teus passos, as letras que reflectem as vontades do teu ser. Eu, mero espectador, saboreio cada detalhe deste momento em que te sinto. És vento, linha perdida no tempo que no chão desenhas as letras com que me falas. A melodia é o sentimento que bate no teu peito, canção que apenas eu escuto.

Menina flor, de pétalas amarelas, em raios de Sol encantas com teu brilho o meu destino. Giras, atrás da luz que teu corpo frágil seduz. Bebes nos livros ancestrais palavras que em tua alma tatuas com o carvão de meus desenhos. És pele macia que meus beijos saciam, és olhar profundo que percorre a superfície do meu mundo. És silêncio, complemento, peça que se encaixa no recorte de meu corpo, és côncavo e eu convexo. Neste jardim secreto, abres-me tuas portas, deixas entrar o perfume do meu ar, sabes como me saborear.

Eu, miúdo ingénuo, perco nas letras as virtudes da inocência, da simplicidade, degusto com prazer essa saudade que é de ti beber. Ingiro profundamente o teu prazer, que no meu âmago se faz querer, que na minha alma se faz do teu ser. Viajo por teu mundo, observo os momentos em que dormes sonos profundos, velo teu sonhar, como se fosse teu anjo a guardar-te. E, neste movimento perpétuo, somos um único ser, complexo.

Esperaste-me no íntimo recanto da tua alma. Tua silhueta era um contorno etéreo entre sombras e reflexos de luzes suaves. Eu era apenas um olhar, por entre as brumas desse vendaval que assolava a nossa Noite. Fiquei ali, olhando o teu sorriso, sentindo a espera longa desta noite tempestuosa em que os corações sentiam o bater das emoções. Adormeceste, sabendo que te velava o sono, abraçada aos meus sentidos, foste menina adormecida em corpo de mulher.

Sentado na beira do teu leito, sou brisa que te afaga o corpo, envolvo teus sonhos que desenho no ar, em tuas paisagens sou pássaro a voar, em teus instantes de prazer, sou fogo ardente a verter paixão que derramo no ventre macio da tua pele. Dormes profundamente, sabendo que a teu lado há gente. Estou, segurando numa mão a Noite, na outra tua alma. Minhas pernas cruzadas são suporte deste céu que em lágrimas chora lá fora, mas que em regozijo aqui, de flores se adorna.

Neste sono embalado de ritmos que inventamos, somos crianças que caminham nas areias molhadas das praias da nossa infância. Adolescentes que se rebolam ao amanhecer no sal das suas descobertas. Amantes que sobre o cetim desta cama, se esquecem do tempo, se amam. Seremos depois, almas que aos ventos declamam a vontade de perpetuarem os sentidos, por mil vidas e destinos, encontrado-se num abraço infinito.

Dorme menina, de longos cabelos.

Este é o mar dos sentidos, que transforma a superfície da minha pele num oceano líquido. Não há desejo que não mergulhe em mim, não há vontade que meu corpo não arraste num marulhar imenso de saudade. Não posso sentir a tua falta, porque teu corpo no meu está mergulhado, como sente o mar vontade de abraçar, se a sua sereia para ele vem cantar a cada noite de luar? A essência do amor não se resume ao calor de corpos emaranhados de prazer, é plena na imensidão do horizonte onde as almas se vão esconder.

Nesta cruzada pelos destinos, somos a viagem cheia de sentidos que abraçamos com toque suaves de letras inventadas nos cálices inebriados do vinho dos tempos. O pão que nos alimenta é reflexo do maná que nos preenche a alma e nos sacia o espírito. Estar contigo é muito mais que sentir os meus braços rodearem o teu corpo despido, é saborear a intensa luz da tua alma que está em mim. Não há fusão sem calor, nem amor com ausência de dor. Não há presença sem corpo, nem ausência que se suporte, sem uma alma que nos preenche, os vazios criados pelos sentidos desta cárcere em que vivemos.

É preciso criar os momentos, inventar as falas e descobrir as vontades que fazem de nós mais que simples animais racionais. É preciso descolar do corpo, degustar com a alma os prazeres que a essência pura da nossa existência nos serve em bandejas de prata iluminada no luar desta Noite repleta de estrelas. Só assim seremos completos, só assim poderemos ver-nos na perfeita harmonia dos universos. Esta é a porta que nos há-de juntar, é preciso por ela saber entrar!

abitam na alma os sentidos, que se acordam nos corpos vestidos de peles macias acariciadas pelo vento. Descobrir o caminho que os desperta é viajar por intrincadas palavras. De olhos fechados sentimos melhor os passos. No silêncio descortinamos os obstáculos que privam a libertação do instante em que nos tornamos pura emoção. Sentir é muito mais que tocar, muito para além de imaginar, é um respirar profundo, uma lufada de ar. Sentir é beber dos universos as suas centelhas, fazer da luz pequenas estrelas.

Os corpos que vestis são apenas casas que vos abrigam, são moradas temporárias por onde passais, salas de aulas onde aprendeis. As vidas consomem-se como fogos de artifício, brilhos que iluminam as noites, depois, instala-se o vazio e espera-se que nos conduzam a outra morada. Deste ciclo faz-se a evolução do espírito, a aprendizagem das emoções, o amadurecimento da alma que por séculos se propaga até ao limiar da perfeição. E não voltareis quando lá chegardes, porque subistes a montanha e atingistes o Olimpo.

Este é o universo dos sentidos, que se faz de caminhadas, de muitos corpos e várias vidas, encontrar semelhanças entre almas que se cruzam, saber-lhes os traços que as ligam em cada um dos níveis é perceber sempre onde encontrá-las, por mais corpos que vistam, por mais afastadas que possam estar. É no sentimento profundo que se esconde a matriz do que somos, é nele que imprimimos as características que fazem a nossa alma ser diversa de outras, é neles que descobrimos os gémeos que temos.

á entre o tempo um momento, um instante em que o ar que respiramos se suspende fundo no corpo. Há no silêncio profundo que preenche a alma, que suspende a vida num pequeno segundo. Há no calar intenso entre uma e outra batida do coração, uma pequena fresta se retém, uma porta que se abre e nos mostra o caminho a perscrutar. Nessa fissura cabe uma vida inteira, nesse espaço exíguo somos a perfeita essência, perfume de mil tempos que seguramos na ponta dos dedos.

Há na magia um segredo, na noite mil suspiros, palavras na ponta do dedo. Há nos ícones um mistério, que apenas a alquimia consegue deduzir, que a sapiência sabe conduzir por estreitas veredas de conhecimento. A ciência é um momento, em que se revelam segredos guardados pelo Universo, se faz luz sobre mistérios, que guardamos no âmago da rocha. Há na noite mil dias, e na pureza lágrimas de fantasia.

Nada está completo enquanto não unirmos os pedaços que o tempo dissipou ao vento. Nada se preenche sem que a taça de vinho se encha, sem que as estrelas nos céus se acendam. Nada será perfeito até que se alinhem as estruturas e das nossas mãos se soltem as amarguras. No mesmo instante em que os corpos se encaixem, em que as peças se fechem e os sentidos se reúnam, uma imensa bola de luz, trará à noite mil dias, e nos teus olhos, reais serão as fantasias.

No âmago do tempo escondem-se mistérios por revelar. Há na alma caminhos por percorrer, sentidos por descortinar. Por detrás das letras ocultam-se símbolos que nos levam por lugares secretos, sentidos que nos arrepiam a pele e nos fazem entender que a vida não se cinge ao espaço ínfimo deste corpo que nos veste. Transcender, transmutar e perceber a essência do que é saber voar, leva o espírito para lá deste pequeno lugar que habitamos, leva a alma a revelar a vastidão dos seus universos, repletos de imagens infinitas de beleza incontornável.

É preciso libertar-se, descobrir o caminho por entre os sentidos que nos permite sair deste pequeno espaço a que nos confinamos. Há um mapa que nos leva, como barco que sempre navega por entre apertados desfiladeiros da memória. Há um momento certo a cada noite, antes mesmo do raiar do Sol, em que a madrugada é bem mais escura. Esperar, entre os sonhos, a abertura desse portal que deixa o espírito passar por breves instante, para outro lugar, é ter a oportunidade de saltar por entre dimensões, perceber que muitos dos nossos desejos não são ilusões.

Acreditar nos caminhos que podemos percorrer, sentir no ar a brisa que nos leva a caminhar por entre um vazio, sabendo sempre onde pisar, sem nunca se enganar, é a fé que nos conduz ao momento de avançar por entre o escuro, para lá das portas deste céu que nos espera em qualquer instante que nele queiramos entrar. Regressar é uma tarefa mais árdua, depois de ver a beleza de outros lugares, não há vontade de voltar ao cárcere deste ínfimo corpo onde a alma se aprisiona em troca de rotinas banais que não queremos jamais.

Neste barco sem rumo, seguro o leme que dirige o destino. Nesta travessia sou tripulante solitário, barqueiro sem rumos traçados. As minhas cartas não contêm desenhos de terras distantes, são cartas de amor e paixão, desejos e emoção. Este não é um oceano qualquer, onde as ondas salpicam a cara de água salgada, onde os ventos sopram de norte e inflam as velas. Este mar é feito de nuvens de águas doces e gotas finas, a brisa é apenas um sopro de alma que os véus translúcidos agita.

É nestas águas tépidas que navego, levando este barco feito de leves sonhos. É nele que descubro os caminhos para as almas que visito, em noites encantadas em corpos despidos. No silêncio que apenas as palavras escritas permitem, afago teus cabelos, suspiro em teus ouvidos os destinos que te levam a juntar-te ao meu veleiro. Visitas-me, entras no meu convés em bicos de pés, e, qual bailarina, rodopias no meu olhar, como se fosses voar, para logo depois, em minhas letras te abandonares. Partes, seguindo o rumo do teu porto, levando em teus lábios meus escritos.

A viagem é interminável, subo este rio de palavras, que escorrem sob a quilha, afagando-me os sentires, fabricando sonhos, neste cais flutuante que na deriva dos tempos oscila. Sigo só, único tripulante desta nau, que desenha nos céus um mundo encantado de prazeres inventado.

Percorrendo os corredores intermináveis do tempo, espreito pelas janelas entreabertas dos universos paralelos que se amarram a este túnel imenso. Visito épocas, aprendo rituais, recordo vidas, descubro mananciais. Escuto os velhos profetas, assisto a cataclismos finais, descubro as minhas vidas, sigo os sinais. Regresso ao corpo após cada viagem, é cárcere a que estou confinado, espaço exíguo onde minha alma guardo.

Sei como és, conheço-te em vários corpos, em várias mulheres distintas, mesmo que não te olhe, que apenas te visite a alma, distingo os detalhes que de outras te fazem diferente. Posso olhar para um mar de gente, ainda assim sei quem és, onde estás, como me sentes. És feiticeira celta, sereia encantada, mulher esbelta. Das tuas mãos solta-se o fogo eterno, chama azul que ilumina as estrelas, que salpica a escuridão com a beleza da imensidão. Em meu corpo habitas, tatuando as paredes com tuas sinas.

Juntos somos luz e sombra, côncavo e convexo. Somos a energia que flui sem nexo. Eu sou as letras que escrevo, tu o espaço que com elas preencho. Eu sou a palavra, tu o silêncio. E nesta completa sincronização, somos homem e mulher, somos amor e paixão.

Percorro céus e mares, atravesso oceanos, adentro-me em outros universos, percebendo a presença da tua alma nestes domínios. Hoje sigo-te pelo espaço, abraço a fragrância da tua alma que se mescla em atmosferas diversas. Sigo o rasto dos teus corpos, nas diferentes tonalidades de pele que te vestem. Viajo na deriva do encontro, olhando fundo para todos os olhares que se me cruzam. Num momento vejo-te, no corpo moreno de uma mulher qualquer. Reconheces-me e sorris-me. Num sinal de perfusão, sinto como a tua alma penetra a minha.

Não existe lugar onde não te encontre reflectida, há sempre um corpo que te veste a alma, uma pele que te cobre de sentidos, um sorriso, um olhar. Não te toco, não é o momento, apenas nos visitamos por breves instantes, apenas nossos corpos se lambem no desejo que as almas anseiam por realizar. Haverá um tempo em que seremos nossos próprios momentos, por agora quero apenas para ti olhar. Sentir a força que imprimes a todos os corpos onde te vou encontrar. Espero, contemplo e alimento a saudade de em ti não estar.

E parto de novo, deixando-te num outro lugar, sei que não possuirás muito mais tempo essa forma, e que, numa outra viagem, nos voltaremos a encontrar. Seguimo-nos através dos tempos, como se fossemos o mesmo fluxo de energias que queremos mesclar. Ambos sabemos que esta corrida está por terminar, que um dia a qualquer esquina acabaremos por nos abraçar, beijar, ficar, um no outro, para sempre, se amar. Até lá, seremos nómadas que se procuram, que se olham e não se tocam, na ânsia das saudades matar.

Sigo os trilhos que me levam para lá dos contornos do teu corpo. Percorro as dunas onde te deitas na espera paciente dos dias que hão-de vir. Beijo os teus pés com o sal do meu suor feito de gotas de mar. Abraço-te a alma com as letras do meu amar. Inalo as fragrâncias que se soltam dos teus cabelos longos, no teu olhar deito meus sonhos. Deixo em ti o espírito cansado das viagens entre tempos, das caminhadas entre mundos distantes que tão bem conhecemos. Repouso em ti, como pena solta das asas do vento.

Fico em silêncio, dedico as letras aos pensamentos e desaguo no oceano imenso, como rio que se esvai dos próprios sentidos. Tu, em tuas mãos guardarás esta gota de orvalho, em memória dos tempos, como recordação última da minha lágrima que resvala no sal dos sentidos. Preencho os vazios nas memórias que mantêm a minha alma. Mato os desejos na distante floresta, por entre plantas raras, em trilhos perdidos na margem de novos mundos. Ficam as letras que constroem livros, que alçam velas em caravelas e percorrem mares nunca antes navegados.

Nesta epopeia sou apenas mais um leitor, que se alimenta daquilo que já escrevi, que acalenta a esperança que o tempo e as estações amadureçam o Homem, fazendo dele mais sábio, mais humano e sensível. Sei que sou um grão de areia, que juntamente com milhões de outros fazem as dunas do teu corpo, por isso permito-me ficar calado e deixar que o tempo sinta a minha ausência. E saio, como actor em fim de cena, deste cenário de sonhos, onde fomos o que quisemos ser, onde somos mais que parecemos haver sido.

Envolto na penumbra do quarto, sou a sombra do teu corpo que guardo. Viajo sobre o espaço em brisas de vento quente, persigo em ti teu corpo dormente. O ar preenche-se da névoa dos incensos que libertam os perfumes do amor e aspergem os corpos em movimentos intensos. O céu matizado de estrelas ilumina este mundo onde os sonhos são centelhas que em nossos olhos se reflectem. Esta atmosfera electrizante que rodeia os corpos despidos é como um um invólucro que nos abraça, que nos une, num único espaço de intimidade.

O meu peito sente o palpitar do teu corpo que sobre o meu desliza em ondulantes marés de desejo, num sôfrego deglutir de luxúria que me devora. Os teus murmúrios são gemidos que se envolvem em notas de música propagando-se no ambiente como danças sensuais que agitam as nossas sombras. Fecho os olhos, quero despertar outros sentires, absorver todo o teu ser que em mim se propaga como relâmpago, em imagens que desenho na mente, enquanto invento o teu próximo movimento.

Na explosão desta galáxia que formam nossos braços, que em espirais se enlaçam e se prolongam para lá dos sentidos, formamos novos mundos num arco-íris de cores que preenchem nossos olhos fechados pela força gravitacional do clímax. Somos atingidos pela força de um meteoro que nos faz derramar em fluidos toda a energia cósmica deste momento...

...suspenderam-se as respirações, silenciaram-se as emoções e os corpos distendem-se numa paz inigualável que nos deixa deitados, corpos enleados, contemplando a beleza do amor que acabamos de fazer nascer.

Entrego-me à abstinência do teu corpo. Neste mar ausente, impera o silêncio do vento que não transporta já as cartas que te escrevo. Guardo para mim as histórias que te sonho, em pedaços de papéis amontoados num canto qualquer da casa abandonada. Entrego à mortalha o corpo fragilizado pelo tempo, num abraço, despojo a alma dos sentidos e deixo voar nas poeiras siderais os resquícios do meu pensamento. Apago a chama que acalenta no peito o amor universal que te dedico, e fecho a porta deste velho casarão outrora habitado pela paixão.

Não, não é um lamento que descrevo, não é um momento em que adormeço sem sentido, é o acto terminal de quem não encontra o caminho e deambula em círculos na constante procura do que não consegue achar. Hoje dispo-me deste eu que me vestiu, deixo nos abraços da multidão cada pedaço desta pele que te sentiu, liberto no ar as réstias de energia que se propagam como relâmpagos na tempestade de letras que já não te escrevo. Este é um acto de contemplação, em que a alma etérea entra em plena hibernação.

Há no tempo um instante de suspensão, entre a noite escura e o claro do dia, entre o inspirar e o expirar, entre o abrir e fechar de olhos, nesse momento de inércia paramos o tempo, dilatamos o espaço, nesse pedaço perdido entre movimentos divergentes, há um lugar para a eternidade, uma porta que se abre, é lá que me sento, que espero o regresso dos dias, a brisa do vento que me levará de novo a voar, a sonhar e a amar.

á um instante em que a brisa se suspende, o mar silente acalma suas vagas e o Sol se esconde por entre as nuvens. Há um momento em que o dia se esconde atrás da noite, em que o pássaro pousa por entre os ramos das árvores. Há um segundo em que suspendo o respirar, em que abrando o meu palpitar e adormeço.

No meu sono, entrego o voo da alma, que embalada pelas ninfas se faz ao mar dos sonhos, onde navega sem velas, onde voa sem asas e deambula sem promessas. E nos pensamentos pousa, como borboleta perfumada de cores, fazendo sonhar, despertando amores. Depois, vem mais uma brisa e leva-me, para outro mundo diferente, outro sonho que por mim clama incessantemente, e voo, e sigo na deriva dos pensamentos da gente que me chama, polinizando a fantasia daqueles que nos meus sonhos caminham.

Não sou teu, nem meu, não sou de ninguém, sou vento tão-somente. Sou viajante do tempo, alma silente que no mar dos sonhos navega. E tu és pensamento volátil, que num instante te dissolves no meio da multidão, reflexo da tua própria solidão que se afoga num mar de gente.

Hoje olho o mar, percebo na sua agitação, a ondulação suave do teu corpo. Sinto no ar o perfume da tua maresia, no seu sal o gosto da tua pele quando acabo de te amar. Encontro na tua alma a sua profundidade, oceano liberto que em pequenas vagas meus pés vem beijar. Mergulho, sinto o teu abraçar, as águas frescas que meu corpo vêm molhar. Abro os olhos e num turvo agitar, percebo a luz que filtras com teu olhar, é brilho que meus olhos vem encantar. Não preciso respirar, porque no teu beijo, transportas o oxigénio que possa precisar.

Procuro as areias finas do teu fundo, como tua pele suave que afago. Neste profundo silêncio que é estar dentro de ti, escuto apenas o palpitar do coração, do meu, do teu, que em ritmos ternos se embala ao sabor da corrente que nos leva por este rio no meio do mar. Não me lembro de voltar, aqui, em ti quero ficar, como golfinho em oceano aberto, como sonhador em sonho desperto. Adormeço no teu peito, como criança embalada pelo ritmo das tuas ondas, e na brisa das tuas mãos meus sonhos entrego.

Minhas mãos sentem o teu corpo, percebem o teu olhar sereno, de menina adormecida em meu leito. Sem te tocar, voam minhas mãos sobre teus contornos, como gaivotas sobre águas calmas. Contemplo-te na beleza despida da tua pele, como ser fosses mar que minha cama veio tomar.

tantas vezes no silêncio que te visito. Nesses momentos em que teu corpo vestido de saudades chora por não encontrar as palavras que esperas ouvir. Nesses instantes em que tudo à volta parece ruir, estou sentado a teu lado, consegues sentir? Quando a brisa suave do vento contorna teu corpo, afaga a tua pele, agita teus cabelos. Quando em murmúrios e prantos, escutas na mente o eco dos meus sonhos, é teu corpo que sustento, antes que caias em desmaio. Mais que um gesto, que um toque, que um beijo, sou as letras que te escrevo, suporte invisível da tua alma que em colapso ameaça perder-se.

Seco com um sopro as lágrimas que pela face derramaste, quando choraste, chamaste e pensaste teu lamento não ouvir, mas eu sou um abraço sensível, um ténue sopro de vida, que dentro de ti habita, estou sempre presente, mesmo quando te julgas sozinha. Não chores mais, sente-me, que no âmago do teu mais íntimo recanto, em ti vive a chama que preenche teu corpo, tua cama, fogo eterno que nas letras voláteis deste canto, cobre tua alma com um manto bordado com as letras que te escrevo.

Sossega o teu espírito, olha as estrelas, e, mesmo nas noites de tormenta, percebe que para lá das nuvens há um universo inteiro, cheio de luz e de brilho que te abraça, que te aconchega como crianças acabada de nascer, que nos braços de um deus qualquer, vem adormecer. Sorri, porque em teu redor as flores despertam, porque nos teus olhos há beleza, porque em teu corpo a sensualidade impera e porque mesmo no silêncio, meu corpo te espera.

Preencho os momentos com as palavras que te escrevo, são silêncios selados, instantes guardados em bocas fechadas que não se beijam. Falo-te de amor, com a profundidade do Universo, com a etérea saudade de quem ama e não guarda apenas no peito a vontade de dizer aos ventos que sabe, que sente, que entende e se prende nas palavras que escreve. Pressentes-me, sabes que habito no teu corpo, como gota de sangue ardente que em ti percorre o mais íntimo detalhe, escutas-me nos sonhos, viajas em meus braços quando na noite te levo, nas brisas calmas deste vento.

Escutas minha voz, como se fosse o eco da tua mente, que numa conversa silente declama os sentidos, confessa quem ama nesta intimidade de espíritos. Caminhas pela vida sabendo-te sempre protegida porque em ti carregas o meu corpo, o meu sentido, que junto com o amor que dividimos preenche por completo as almas que unimos. Sabes, a tua voz é a música das minhas noites, canção de embalar que faz meu corpo não querer despertar. Inebrias os sentidos e em silêncios perdidos és meu último pensar.

Adormeço, certo de que serei em ti um firmamento, estrelas de mil cores, vontades, desejos, amor, que no peito despido guardas como filigrana de momentos já vivido, tesouro que juntos levamos bem dentro das almas. Beijo os lábios doces de mel, que neste pedaço de papel descrevo com as palavras que já sabes de cor, como os sentidos em caixas de letras metidos, que na pele trazemos embutidos.

Hoje fixo o olhar para lá do horizonte, onde o tempo se suspende, onde a terra flutua e a água se precipita no céu em cascatas de nuvens. Aqui o infinito é um grito que se solta da garganta melodiosa dos pássaros e o sol é uma luz perene que se propaga na celeste abóbada. Solto o corpo do alto penhasco, sinto o vento fluir como água escorrendo pela pele. Na veloz descida absorvo as fragrâncias que se mesclam no ar, sinto a brisa fresca que minha face vem afagar. Caio no vazio, percebendo a libertação da alma que com o espírito guio. Abro as asas e sinto a alucinante suspensão do corpo que em segundos abranda até à suavidade de um voo perfeito em sustentação. Pairo, deixo-me ficar.

Sinto que me olhas, de longe, assistes como espectadora ao meu regozijo como alma flutuante. Sei que percebes os meus sentidos, ambos sabemos dessa etérea ligação que nos une desde a eternidade dos tempos. Não nos vemos, mas sabemos onde sempre estamos. Mergulhas qual sereia em teu oceano, deixando-me no ar, pairando como vela de pano. Sigo-te, recolho as asas, e precipito-me num mergulho profundo no âmago do teu lugar. Sabes que estou contigo, pois aqui reina a tua emoção, percebes de cor cada sensação que experimento ao entrar no teu mundo de água. Deixas-me tomar-te, beber-te e respirar-te, como se fosses o ar que no meu reino cavalgo, como se fosses meu último acto.

Silêncio, aqui apenas os sentidos perduram, apenas as almas murmuram os momentos de suave doçura. Sinto os teus dedos escorrer pelo corpo, na carícia suave deste fluido que me abraça por completo, sei que és tu, senhora dos mares que em minha alma moldas as sensações desta etérea união de seres diversos mas tão unos que se completam. Adormeço, envolto no teu manto de água, com o silêncio que apenas o teu canto embala.

Sentado, aguardo pelo instante em que os espíritos descem sobre o meu corpo. Sinto que pairam sobre a atmosfera que me rodeia. Percebo no ar a magia electrizante que emanam. Abro as mãos, num gesto de aceitação, sinto o fluxo de energia que me preenche numa avalanche de sons e imagens, uma descarga imensa de sensações, um instante de puro e pleno transe. Silêncio, a noite ficou calada, à espera que a ilumine. Das mãos abertas soltam-se centelhas de luz que em espirais são como fumo que se evapora.

Sinto em cada poro as ligações do Universo, em cada pelo do corpo um arrepio, uma emoção, um nó de ligação ao infinito próximo, ao paralelismo de todas as vidas que numa só se agitam em mim. Dos dedos solto as letras, em desenho no ar já carregado de aromas que a aura emana. Traço palavras e construo frases como um arquitecto prestes a erigir um monumento ao divino. Da boca em murmúrios desprendo palavras em línguas de outros tempos, que por magia todos entendemos. O vento dança em redor do corpo, como se quisesse envolvê-lo num manto branco feito de milhares de pequenos pontos de luz.

Num outro extremo deste Universo multidimensional, sentes a minha energia fluir-te nas veias, entendes as minhas letras, percebes os meus sentidos como se fossem os teus, numa reacção em cadeia que não podes controlar. Soltas o corpo e deixas que seja ele a levar-te, a conduzir-te pelos caminhos que já trilhaste. Sentes-te levitar, percebes que voas e vai ao encontro da tua origem, na fusão dos nossos sentidos, na união dos nossos destinos.

á no ar um perfume intenso, as luzes quentes das velas iluminam a escuridão num suave oscilar de sombras. A melodia suave apela aos sentidos que nos corpos já despidos se exaltam em arrepios de prazer. Os lençóis sobre a cama agitam-se como ondas de mar que em nossa pele vêm espraiar-se. Meus braços são como rios que escorrem pelas encostas do teu corpo, teus cabelos são como doces brisas que acariciam meu rosto. O tecto parece-me um céu azul, aqui e ali invadido por aves que voam rumo ao sul. As paredes preenchem-se de tons rosados, como se o nascer do Sol quisesse ser acordado.

Em nossas vozes murmuradas soltamos palavras encantadas, desejos e promessas, vontades e emoções que fazem em nosso peito bater os corações. Nossos olhos brilham como estrelas no firmamento, luz cintilante que preenche a alma e embala o amor que sentimos. Tuas mãos são barcos que no oceano do meu corpo sulcam meus contornos, tua boca meu desejo, em teu mais puro beijo vem em meus lábios adormecer. Faz-se silêncio, e, neste momento somos apenas sentimento, plenitude, imensidão, sinto acelerado bater teu coração. Derramam-se os corpos em gotas de água viva, preenchem-se, completam-se na união perene deste amor que inflama as chamas, que preenche as atmosferas, dissolve os sentidos numa fusão de emoções, que deixa os corpos exaustos, as almas flutuando no éter do infinito prazer que partilhamos.

Fixo o olhar no fumo que se solta do incenso ardente. Olho com detalhe a dança que se evapora no ar, como se fossem corpos em pleno bailado. Agitam-se as colunas em espirais de prazer que se mesclam e se fundem, que se dissipam e agitam em mares de ondas inventadas no ar. Sinto o perfume, a essência que nesta combustão se espalha ao vento. Percebo nas curvas desta dança os desenhos de corpos inventados nesta tela virtual. Passo meus dedos por entre as fragrâncias que se agitam dissolvendo-se no ar que respiro.

Olho para lá desta dança, vejo o mundo dentro deste mar de sentidos, sigo os caminhos, os destinos das almas que neste fio se evaporam. A energia flui através do espaço, procurando o caminho dos céus onde em nuvens se aglomera. Depois as nebulosas de estrelas que condensam em si a energia cósmica filtram os sentidos, recebem em seus braços as forças que se contraem e aglutinam em novos brilhos. Neste fluxo, nesta torrente, deixo seguir o meu corpo, que se conecta ao espaço profundo, que se abraça às galáxias e aos mundos.

Escuto-vos, em murmúrios suaves, como se falassem lentamente, como se escrevessem na minha mente. Acolho-vos, como o papel recebe as letras, como canetas que em mim escrevem. Sinto o palpitar acelerado dos vossos corações que batem em mim, como tambores anunciando os desejos que vos descrevo, neste mar imenso de palavras que solto nas brisas dos ventos.

Percorro a estrada do teu corpo, nos recortes detalhados da tua pele, provo em meus lábios de teus frutos, bebo em minha boca teus sucos. Descrevo com meus dedos teus pensamentos, faço em teu dorso desenhos. Mergulho em teu olhar meu corpo, faço em teu mar meu barco. Deslizo em teus cabelos, adormeço na maciez de teus seios. Caminho por entre teus mundos, com a ponta de meus dedos.

Sabes como te tenho, sentes em teu espírito o desassossego do desejo, segues-me com teu olhar, sentes em cada poro o meu sonhar. Deixas-me em ti aportar, em tuas praias meu corpo estirar, gostas em teus lábios do meu beijo, em teu rosto o meu afago, minha língua lânguida em teu peito. Sentes um arrepio na pele, um vento que em brisa sopra teu barco de papel, percebes os sentidos do meu desejo, ardes no fogo ténue da vontade que em teus olhos vejo.

Enrolamos os corpos na música, como bailarinos delicados em bicos de pés, deslizamos por palcos imaginados numa sensível onda de prazer. Os corpos abandonam-se à mercê das vagas deste oceano de luxúria, que aos poucos nos empurra, em toques doces das marés.

Abraçados ao silêncio, sonhamos com o ideal de nosso próprio mundo, onde cada detalhe é um todo, onde cada olhar é, um do outro.

Recordo nos dedos as curvas delicadas dos teus cabelos. Sei do perfume que em minha face deixas quando teus lábios me beijam. Percebo a pureza dos sentires que numa descrição envolvente te percorrem a alma, numa ausência persistente. Conheço o sabor da tua boca, que na minha vem pousar como borboleta a esvoaçar. Sinto um arrepio na pele, quando teu mundo roça no meu numa tangente delicada de prazer. Percebo a tua alma no desenho dos tempos, sei de cor o caminho que em ti há dentro.

Sei que sabes como é grande o meu amor, como imenso é o fulgor com que em ti adormeço. Sentes o desejo escorrer-te na ponta dos dedos, sabes ser todas as minhas vontades, sabes degustar os meus sentidos como água que percorre teu corpo despido. Fecha os olhos e escuta a voz que te fala, ela é eco das minhas verdades, gemido de meu corpo em ti nascido. Não resistas aos sentidos, deixa-te levar pela minha mão, deixa-te guiar por este mundo secreto, como num jardim proibido.

Secreto desejo que te acorda as noites, sonho em ti encastrado, em minhas mãos desenhado como tatuagem permanente, como saudades que nos latejam na mente. Neste abraço entre universos profundos, somos a luz que ilumina nossos mundos. No silêncio das minhas letras, deixo apenas fluir os sentidos que se espraiam no ar, em frases que dispersam o meu amar.

Esta noite sento-me a olhar as estrelas, percorro com o olhar milhões delas. Esta noite não te ouvi chamar meu nome, fiquei aqui mergulhado na dor que me consome. Tentei pintar a noite de várias cores, perceber no ar as fragrâncias e odores. Tentei desenhar o teu olhar, quis dentro dele mergulhar, mas não senti a sua voz. Hoje meus pés criaram raízes, fiz-me árvores no meio de tantas. Fiquei rígido, agitando ao vento meus ramos na esperança de ser visto. Hoje fui homem e não espírito, fui espectador e não actor, fui ouvinte e não cantor.

Sei que nos meus olhos dança ainda o teu sorriso, como bailarino que percorre a sala imensa da minha alma. Sei que nos meus dedos se emaranham ainda teus cabelos, que no meu olfacto se prende ainda o teu cheiro. Seguro os dedos, numa forma de conter o desejo de te tocar o corpo, de desenhar na tua pele palavras de amor, inconfessáveis desejos de paixão. Suspendo a imaginação, para conter a ausência das tuas palavras, para contornar a saudade das letras que já não escreves.

Deixo resvalar as lágrimas pelo rosto, como libertação da tua essência. Ao vento, deixo que sequem, que as leve para junto dos sonhos que já não tenho. Entrego o corpo ao silêncio, o olhar distante às estrelas que no firmamento se alinham na forma clara do teu sorriso. Fico quieto, esperando ouvir de novo o teu chamamento. Guardo ainda no peito a esperança, o lamento.

Somos um destino perdido, entre letras de tantos livros. Somos páginas soltas ao vento, dispersas em pleno tormento. Somos frases e dúvidas, incertezas dúbias que em nós próprios criamos. Somos tanto e tão pouco que do nada fazemos tudo. Somos brilho e reflexo, Sol e Lua que em danças distantes, opostas, se olham e não se tocam. Somos continentes separados por oceanos, divididos entre a certeza e a dúvida.

As minhas asas serão sempre o dorso dos teus sonhos, as minhas letras o afago, que meus dedos em forma de vento, te fazem no pensamento. Em mim habitarás eternamente, serás a guardiã dos meus sentidos, musa por tempos indefinidos. Eu serei sempre o teu anjo, aquele que te guarda, que todas as noites te abraça no silêncio dos teus sonhos. Em mim viverás para sempre, como doce recordação da minha única inspiração, como filigrana delicada que adorna minha alma.

Mas, não posso ficar! Não posso fazer-me homem em ti, não suportaria a ventania deste vai e vem que são tuas marés. Este corpo frágil não aguenta os silêncios que a realidade lhe impõe, as completas ausências que me propões, e o fogo ardente com que me chamas depois. Não posso ficar, neste espaço entre mares a navegar, imolo o homem e deixo ficar o seu espírito que eternamente pairará entre a tua e a minha alma.

Há um lugar, onde o tempo é a recordação dos sonhos, onde o vento é a brisa suave do despertar. O corpo latente, já sente o dia, mas ainda se abraça à noite. Nesse lugar, marcamos encontro, no despertar dos sentidos, no roçar suave dos corpos que sentimos. Não há barreiras, as distâncias são apenas o leve espaço entre letras, que como nossos corpos, se aglutinam num toque intenso de plena ternura. Não há limites, imposições ou distorções que perturbem a atmosfera que arde em perfumes de incenso.

Não é já noite escura, não é ainda manhã clara, é na penumbra que nossas almas escoram os corpos colados sobre o linho macio que os envolve. Nos lábios o teu sorriso é raio de luz, que meu olhar seduz. Na boca, meu beijo é fogo que se adentra na ponta das línguas enlaçadas, saboreio a tua paixão que se mescla na emoção dos meus sentires. No ar pairam silêncios, quebrados por pequenos gemidos, braços que se alçam no ar com intuito de abraçar, peles que resvalam sobre peles molhadas de prazer que não escondem sentir.

Suspende-se neste lugar, onde todos os dias te venho namorar, o tempo, que nem mesmo o lamento da despedida, consegue fazer andar. Ficamos eternamente enrolados, corpos apertados no mesmo lugar, sempre. Quebramos o silêncio, com a melodia que as vozes caladas orquestram, que os silvos das almas embalam na ternura deste amor que descrevemos em notas de magia.

Em ti, em mim, o amor é intemporal, vive-se dos deleites de momentos como estes.

Falo-te do mar, com a profundidade que quem nele sabe mergulhar. Falo-te dos céus, com a certeza de quem já os percorreu. No meu âmago resguardo teu corpo dormente, em minhas asas carrego a tua alma silente. Voas em mim, seguindo-me por mundos desconhecidos, em ti reténs um olhar embevecido. Há para lá da beleza da Terra, um outro lugar, que em ti há-de habitar, um mundo escondido, que em teu peito está perdido. Eu sou a chave que abre as portas, o viajante que te conduz, sou o espelho que reflecte a tua luz.

Sentes as essências do teu mundo, criado das minhas palavras, sou artesão da tua imaginação, desenhador e arquitecto dos teus sonhos. Escuto a tua alma, dela recebo os detalhes sentidos do que em ti existe, filtro a sensibilidade e dela extraio a saudade. Pego nas cores, nos traços e sabores, e construo no ar, palácios que te fazem sonhar. Ergo do chão florestas tropicais, cascatas que jorram sais, onde teu corpo vais banhar. Depois, convido-te a entrar, como rainha e senhora do teu próprio sonho.

Vens pela minha mão, caminhando sobre a brisa do próximo Verão, teu olhar maravilhado, fica absorto, fascinado, por encontrar este mundo escondido, do qual não sabias ser dona e senhora, mas que trazes em teu peito perdido. No promontório mais próximo, pintei para ti um trono feito de rochas e vegetação, lugar de onde podes contemplar teu mundo, sentir a tua própria emoção. Senta-te, contempla o teu próprio sonhar.

És nuvem que asperges meu corpo com a suave carícia duma manhã de nevoeiro. És corpo volátil que me envolve como tecido translúcido, sinto a pele arrepiar-se ao teu toque, sinto a alma saborear o suave roçar dos teus lábios de vento nos meus. Abraço-te, como se abraça a brisa, envolvendo os braços em teu regaço, tomando-te como se fosses só minha. No silêncio desta manhã és dona dos mistérios insondáveis da minha alma, preenches-me, inundas-me de calma.

Depois o Sol dissipa-te, mas sei que apenas te escondes no âmago da minha essência, para que não te diluas na multidão, para que permaneças na minha existência. Neste mar de tumultos, sou caravela que em ondas se agiganta, sulcando oceanos ao teu encontro, sou gaivota que voa em tempestade, apenas para em teu corpo pousar, para a saudade matar.

Ao acordar, sinto ainda o gosto suave do teu beijo, acabado de dar. Sei que estiveste aqui, sei que vieste para me acordar. Ergo o corpo como vela ao vendaval, sigo as rotas já traçadas, envolvo-me nos braços do mundo sem temer o mal, porque sei que no final da viagem, será em teu corpo que meu corpo irá tombar.

E neste silêncio, nas palavras que não dizemos, ambos sabemos dos sentimentos contidos cá dentro.

Alço-me em voo pela galáxia dos teus sonhos, persigo o teu voar, na essência que desprendes de teu corpo. Sigo nas estrelas o sorriso de teus lábios, princesa, que em teu planeta reges os tempos nas pontas dos dedos. És brilho e reflexo que num misto de mistério fazes girar o Universo. Eu conduzo minhas asas pelos teus mundos, flutuando entre ilhas rochosas, florestas luxuriantes que, plenas de magia, são o mundo que crio à tua imagem. Há no laço de nossas almas tempos infindáveis de prazer, que em suaves beijos se prendem nos sorrisos carregados nos nossos lábios.

Neste bailado de asas entre céus de rosmaninho, somos crianças que rolam os corpos na relva, somos flores que entrançam os pés e nascem em buquê. E no silêncio do despertar, no mundo inflamado de ilusões, somos visões, ou simplesmente extensões do nosso próprio tempo. Silêncio! Escutamos os corações que acelerados nos peitos são como canções em melodias suaves que em nós se deitam. E dos dedos solto as letras, como pétalas de margaridas, preenchendo o chão onde teus pés descalços até mim caminham.

Depois sopro-te ao ouvido, num silêncio contido, os murmúrios da paixão, como terna gratidão pelo teu encantado sorriso. És musa que em meu peito habita, eterna flor em mim escondida, na Primavera da minha vida. E quebro as notas desta música, quando teu corpo em meus braços sustento, na dança pura deste bailado em que como cisnes em lago apertado, dançamos em corpos já outrora colados.

asces no horizonte da minha noite, como bola de fogo pálido, imensa. Sobes nos céus afastando as estrelas, ganhando um brilho de prata que ofusca a escuridão. Em ti desenho o rosto a carvão sobre o imaculado branco da tua tez. O teu olhar inebria, o teu sorriso misterioso encanta, o teu brilho é aura que absorve a luz das estrelas e a projecta sobre a minha pele. Sigo-te pelos céu, em fases que decrescem, minguam o reflexo, mas nunca a magia do teu olhar. Noite após noite, venho ver-te voar, por esse mar negro da minha noite.

Sinto a saudade apertar o meu peito, quando por um momento te fazes nova e te escondes detrás do meu mundo. Depois cresces, contigo levas as marés, agitas os mares e fazes os oceanos oscilar. Contigo trazes a mulher que és, em corpo esbelto, de prata fina coberto. Senhora dos ciclos, a tua atracção, é letra de canção, magia que em noite fria dissipa um mar de luz na escuridão. Vasto mar da tranquilidade, a ti venho clamar minha saudade, de ti espero a eternidade de um beijo de luz.

Companheira dos meus sonhos, vela que em mar nocturno corta o vazio, barco que me corpo transporta, em tuas mãos meus desejos portas. Flor singela e delicada, que dos céus venho proteger, como anjo da guarda. Sabes viajar em mim, como desejo ancorado em porto de abrigo encantado. Teu brilho é meu brilho e teus pensamentos são meus desenhos, lugares por nós criados. Velo tuas noite de sono, e tu, em teu pleno encantamento fazes nascer em mim os sonhos.

abes, é no vento quente desta tarde que absorvo o perfume de teus cabelos, voas até mim numa suave fragrância, num anúncio de Primavera. Enrolas-me os sentidos num véu de sedas, afagas-me o cabelo com a ponta dos dedos e beijas os meus lábios num rasgo de brisa, húmida, porém contida. O meu corpo de homem sente-te chegar, neste breve despertar, em ti prendo o meu olhar, que se hipnotiza das ondas do teu mar. Deixo as mãos resvalar para a tua cintura, sentido teu perfil de mulher em mim madura.

A minha pele ostenta as marcas das guerras por ti travadas, nas entranhas ferros acesos são laminas que em brasa empunhei nesta batalha por te fazer em mim eterna. Sou hoje um guerreiro exausto que em teus braços se entrega, minha espada é um ramo de perfeitas tulipas que em teu regaço se deposita. Minha face cansada é agora um leve e suave sorriso que em teu rosto reflecte a magia do teu olhar, que em meu olhar se prende, se amarra e ilumina. Cheguei aqui, seguindo simplesmente o teu perfume, sabendo o teu lugar, sentindo o teu corpo em lume.

Absorves o meu corpo, como se dissolvesses em ti o meu espírito guerreiro, bebes dos meus lábios o beijo, derramando sobre a pele a água fresca do teu corpo que é sempre o meu porto. Acolhes os meus braços que te cingem, o meu lume que te derrete como vela perfumada em mim derramada. Fluímos em nós, como líquidos de uma mágica poção, como infusão que percorre os céus em aromas de flores e especiarias raras. Somos o óleo que unge os corpos, prazer que nos completa a luxuriante beleza da alma.

Passo calado por entre o arvoredo. Sigo envolto no nevoeiro que atravessa a minha pele impregnando-me a alma de gotas de orvalho. Caminho em passo perdido por entre a folhagem, como presa fácil em plano apertado de fuga. Derivo na mata escura, como alma esquecida nas trevas da noite. Neste abismo sou o vazio, mescla de caos e tormentos que sem asas se precipita ao vento. Vagueio pelo espaço oco dos sentidos à procura de silêncios perdidos.

Nesta viagem sou tripulante solitário desta nave a que chamo corpo, conduzo-me por entre os atritos da multidão que tangencialmente me roça a pele sem que sinta a minha presença. Sou eco que não encontra parede onde embater para regressar de volta ao âmago da sua casa. Passo, seguindo um destino traçado como linhas numa estrada que não leva a lugar nenhum. Nestes instantes onde me perco, sou o meu próprio labirinto que em travessas e recantos escondidos se esquece de me indicar a saída.

Não vou só, porque detrás tenho uma multidão que segue comigo, na louca procura do horizonte perdido, da utopia perfeita que a todos encanta, nas frases de deleite da eterna constância de um secreto e eterno amor. Somos sonhadores, almas deambulantes, cavaleiros andantes, na busca de Dulcineia, belas adormecidas esperando por príncipes desconhecidos. Somos um céu cheio de anjos alados que em bandos de enamorados difundimos o amor nas letras loucas do nosso próprio esplendor.

Infinito é o instante em que meu corpo te sente. Momento intenso de loucura perdida nas entranhas despidas dos nossos corpos. Hoje és um pedaço da minha pele que se funde no arrepio milenar do nosso prazer. És mulher que em meu corpo se despe, silêncio que madrugada dentro meu ser preenche. Em nós nasce a água que dá a vida, fluido que derramamos pelos canais apertados dos desejos. Somos felicidade em goles frescos de saudade que eternizamos no instante em que nos tocamos.

Depois tudo se dilui como se fosse um oceano em ebulição, como se fosse um fogo de perdição. Somos lava incandescente que desce pela vertente, pedaços de doçura que em teus lábios tomo, gosto ácido e picante que de tuas entranhas sorvo. Envolves-me numa dança apertada, sempre em mim encostada, seguindo o ritmo da música que num segundo é luxúria, e no próximo emoção. Bebes da minha boca o vento, aspiras da minha alma o sentimento que nutre de amor, em pleno fulgor, por todo o meu ser.

Calas-me num beijo as palavras que em silente alvorada quebram o ritmo dos dedos que por teu corpo espalho como ventos. Sentes em ti a minha constante presença, intensa e doce tormenta que invade tua libido. És êxtase, que bebo, prazer incontornável e cego que se inflama na loucura de um gemido, entregue num suave grito quando teu corpo no meu se entranha. Faz-se dia nesta dança, e as almas aquietam-se aos primeiros raios de Sol, adormecendo coladas pela manhã veladas.

oje, nas nuvens da memória, navegam os sonhos envoltos em pedaços de silêncio.

Sinto este vento que me contorna, como mar à procura do oceano. Não sinto o frio que me gela a pele, não reconheço na boca o fel amargo das ausências do passado. Sinto apenas no regaço, o desejo imenso de saber-te. Lanço-me de asas abertas sobre estas falésias, na vontade que na alma me nasce de incessantemente te procurar. Não tenho rumo, não tenho rota, apenas os instintos que minha alma denota. Sou fôlego ausente, corpo em ti sempre presente.

Navego como nave por entre galáxias, sou sírio que a noite ilumina, cometa que os céus domina, num rasto de luz que meus cabelos agita. Percorro o Universo, desloco-me por dimensões em busca das tuas emoções. Sorvo das estrelas a luz, sei onde este caminho me conduz. Persigo-te na sombra dos teus contornos, como alma perdida que em ti se quer encontrar. Percebo, na doçura do teu olhar, que me sentes a teu lado, como essência da tua fragrância, como teu próprio perfume.

Caminhas, por areias desertas, nesta praia da vida que em mim despertas. Sabes-me de cor, como se fosse em ti amor. Sabes os meus sinais, como rio que corre entre canais, fluis nas veias como meu sangue, és em mim presença constante. Eu, tão singelamente te envolvo, como manto de luz e conforto, com meu etéreo corpo. Sabes que te cubro com a luz da minha aura encantada, defender-te-ei com minha própria espada dos males que assolam o mundo.

Na bruma dos teus sonhos, sou a gota de orvalho que resvala pelo teu corpo, o toque que exalta tua pele, o gosto suave do mel nos teus lábios dormentes. Em ti, meu corpo volátil é quimera, alma em constante espera, momento indefinido em ti adormecido. Percorro o teu mundo como vento profundo, detalhe que teu corpo contorna, que teu prazer entorna sobre meu peito despido. Na música que sonhas, somos notas e letras que na melodia ajeitas com dedos de papel, pauta alada que esvoaça na tua pele.

Depois, sou folha que tomba, sobre o vento se enrola numa dança encantada. Para gáudio de teus olhos faço-me bailarino, deslizo no teu olhar, como pássaro querendo voar, pedaço de brisa que te agita e te faz novamente sonhar. Neste mar encantado, onde os peixes são alados, navegas em teu cavalo marinho, segues as sendas do teu destino, e contigo me levas, como véu que teu corpo cobre, beleza que dos outros esconde. Provas-me no sabor do ar que respiras, inalas minha essência que em teu corpo destilas e no teu rosto esboças, límpido sorriso encantado, nunca por ninguém desenhado.

Por entre a névoa que o dia anuncia, surges como rainha encantada, em teu trono sentada. Eu teu súbdito cavaleiro, a teus pés ajoelho, oferecendo-te minha espada. Troféu de outras batalhas, sou gládio e rosa, que em teu colo deposito, como dádiva de vidas perdidas. Em teus braços recebes meu corpo, minhas feridas unges e minha alma lavas com as lágrimas da saudade, momento de pura verdade que em nossos olhos habita. Em teu trono serei rei, em tua alma serei sonho, em tua vida mensageiro em teu instante de dor, teu guerreiro.

s meus dedos seguem os contornos suaves dos teus lábios, são o traço com que desenho tua boca na minha boca, neste beijo que apenas invento, no ar fresco da manhã. Teu olhar é o lápis escuro com que percorro os teus olhos, realçando as sombras das tuas pestanas que são como raios de luz em mim. Na escuridão de teus cabelos, deixo meus dedos perderem-se, na floresta encantada de perfumes e essências que me despertas. Sinto o carvão cobrir minhas mãos, dispersar-se pela imaculada brancura do papel que é tua pele. Em teu pescoço deixo resvalar os sentidos, em lânguidos beijos doces. Em teus ombros repouso a face, como se quisesse que me embalasses num sono profundo. Em teu peito solto minha língua, como pincel que em tons suaves pinta a cor do teu corpo. Rasto húmido, sabor gostoso, que degusto, que absorvo. A palma suave das minhas mãos inventadas no vento dos dias percorre o perfil ondulado de tua cintura, percebendo a formosura dos encantos que ainda me escondes. Em teu ventre sossego meu ouvido, que no silêncio perdido, sente teu corpo estremecer nessa onda de prazer que nossas peles inflamam.

Depois, intuo os caminhos, trilhos há tanto perdidos que me levam ao universo dos teus desejos, caminho na ponta dos dedos, sentindo com ternura os sinais que tua pele quase madura, me oferece em arrepios de prazer. Esquece o tempo que deixou de passar, e em meus braços vem-te entregar, para que te receba na envolvência desta certeza que é amar-te. Deixa que o fogo das sensações consuma todas as nossas emoções num frenesim inconstante, que apenas nós, amantes, sabemos descobrir, nos sabores que nossas peles nos fazem fruir.

Abro os olhos, e sobre o papel, o que foram riscos avulsos, são agora traços difusos, de ti mulher!

Deixo meu corpo cair, num voo sem destino em direcção ao abismo abaixo de mim.

Sou pássaro abatido por raio de luz que ofusca o meu olhar. Desço em espiral, sou o meu próprio salto mortal, caio em direcção ao teu mundo, como cometa em eminente impacto profundo. No teu céu sou uma estrela cadente, sou apenas um pequeno instante em que a noite se ilumina de vida. Sou letra de música, que depois de sentida será esquecida, até voltar a tocar num outro qualquer lugar.

Tu em mim és perene, como folha que se agarra ao ramo em plena tempestade, na agitação dos tempos, que passam por mim deixando minha alma permanecer em ti. Precipito-me vezes sem fim, neste céu de escuro cetim, para lembrar-te que estou aqui, em ti. Sei que sou fogo que apenas te ilumina o olhar num breve instante, sei que sou chama fulgente que se consome em constate queda. Mas é assim que marco em ti minha presença.

Nem sempre me visto de luz e som, vezes há em que sou apenas o escuro silêncio do teu quarto, onde teu corpo em lençóis enrolado, dorme, sonha e voa, nas asas que te empresto. Fico quieto, olhando na parede vazia a projecção da tua utopia, feita de palavras que te escrevo na memória adormecida dos tempos. Antes de partir, afago-te o rosto, cubro-te o corpo, e sopro-te ao ouvido os desejos de contigo haver dormido.

Boa noite!

Calo em mim o silêncio que me entregas, fico quieto, deixo a alma desperta. Nesta noite, sou filho do tempo, pedaço de segundo, milésimo. Sou passo não dado, gota de água, regato, ou rio que se agiganta até à foz do teu mar. Tu sabes do gosto dos meus lábios, como se os tomasses nos teus, num beijo indelével, numa tangente apertada entre dois corpos que surgidos do nada, se tocam no perfil. Sinto o teu calor contornar-me, como lume abrasador, como chama calada. Percebo nos teus olhos fechados o meu fogo, guardado em teu vulcão adormecido, à espera do tempo definido.

Nos céus sou anjo alado que te guarda, calma em ti propagada, como se fosse brisa despida de ventos, pequeno afago, doce tormento. Entre as nuvens me enlevo, em voos sobre tua alma, desço, afagando teu corpo com a ponta das asas, como se fossem dedos. Sorrio-te, seguro nas mãos uma flor, recordo em ti o esplendor de manhãs de Primavera, com gosto a folhas de chá secas que em águas mornas seus sabores deixam. Tu degustas as essências, e no palato condensas os sabores que te acordo, como desejos que em ti contorno.

Das letras que te escrevo solto a música que em tua mente ecoa, como se soubesses de cor minhas palavras, como se no teu silêncio prendesses os sentidos todos que suspendes num gemido calado, em ti condensado como último desejo. Eu, em ti me adentro, numa melodia angelical, em teu corpo encontro abrigo, em ti me protejo do mal. Sonhas-me como utopia criada, na ponta dos dedos que percorrem as paredes suaves da tua alma. Guardas-me no teu peito e partes, calada.

Escuto a tua voz, como eco que quebra o meu silêncio, sei de cor os tons em que soltas as palavras, és escrita que em minha pele se espalha, como texto antigo, tatuado em meu dorso despido. Saboreio os teus lábios que num beijo soprado me entregas na ponta da tua língua que em minha boca se adentra. Derramo sobre a pele as fragrâncias que se espalham no ar, em incensos ardidos que te vão perfumar. Tu colas teu corpo despido, aos meus poros, roças a tangente do teu perfil em meu brando sentir.

Meus dedos correm velozes por entre fios de teus cabelos, são como vento que escorre por entre a floresta densa do teu prazer. Tu seguras-me o corpo acima do abismo, devoras com beijos meu peito desnudo, amarras minha cintura com tuas pernas nuas, sustendo-me num laço envolvente de luxúrias. Meus braços são espias, que suspendem teu corpo sobre o vazio, como ponte que pende sobre um rio. Em equilíbrio os corpos compensam a gravidade, as almas equilibram a verdade e os sentidos sustentam o peso do prazer, como pedra angular de um arco perfeito de desejos.

As sombras sobre o chão contorcem-se, como se a estrutura fosse ruir num terramoto de gemidos, pequenos rangidos que se agitam na contraluz dos sentidos. De pés cravados na Terra, sustento-nos em harmonia com o equilíbrio celeste, que em espasmos de loucura nos leva ao êxtase intenso que nos arrepia a pele e nos tensiona os corpos. Silêncio! Sente-se no ar o perfume do amor que acabamos de fazer.

ascia-me nos dedos a magia do toque suave no teu corpo. Dos olhos perdidos no infinito momento de te encontrar, soltavam-se raios de luz que se prendiam no teu olhar. Na boca carregava os beijos que te queria dar, e no peito a certeza de poder-te abraçar. E pelos caminhos que juntos seguíamos, despertávamos as flores que na Primavera nasciam, no chão nossas pegadas eram preenchidas da saudade dos momentos já vividos, dos caminhos por nós percorridos.

No céu pintávamos tons de azul celeste, sois que se envolviam em suaves danças no firmamento, nuvens de algodão que nos ofereciam sua sombra em pleno Verão. O silêncio quebrávamos com músicas entoadas por pássaros que nas árvores bailavam num corrupio de paixão. De nossos lábios soltávamos as vozes que ofereciam a letra à melodia, e a nossa caminhada seguia. Da brisa que teus cabelos agitava, soltavas o perfume que por toda esta paisagem viajava.

Sabíamos que no fim do caminho, encontraríamos nosso ninho, onde em corpos enlaçados, juntos nos embalávamos em sonhos profundos. Nesses mundos, éramos seres alados, que em vestes translúcidas percorríamos galáxias, descobrindo os sentidos, na alquimia das palavras que tão só escrevíamos nos céus multicolores de nossos próprios encantos. Éramos mares e oceanos que soçobravam em praias de areia fina, como a pele do teu corpo.

No voo rasante das minhas asas, persigo os contornos do teu corpo como vento que desgasta a rocha e a molda. Em minha alma traço o detalhe do som do teu beijo em meus lábios. Em minha mente prazenteiros devaneios mergulham nos detalhes intensos da tua pele. São as essências que libertas, os desejos que confessas, o corpo que descobres em pequenos detalhes. A minha língua percorre as estradas imagináveis do teu corpo, num rasto lânguido de sensações que despertam arrepios de emoções na pele despida de ti.

Inspiro-te, inalando o perfume canela que em mim acordas, absorvo do teu olhar as águas do teu mar, agitando as ondas que em minha praia adormecem em suave marulhar. Contornas com tuas mãos o meu corpo, que envolves, que amansas na tempestade dos meus exaltados sentidos. Somos detalhes em pedaços de pétalas derramadas sobre o leito onde entregamos os corpos do nosso desejo. Derramo em tua boca os beijos, que a alma desprende, que o corpo, quente, sente como água viva que se dissolve no sangue em chamas de luxúria que se espraiam nesta cama.

E depois, abrem-se nos olhos as flores que o amor que dissolvemos nos braços faz crescer em detalhes de várias cores. Na sintonia perfeita desta música, somos peças de um único puzzle que se encaixam na perfeição dos momentos que a pele de nós molda, arredonda e preenche nos sonhos que em nossa mente se geram. Neste enlace de almas que se fundem, plenos de intensidade, como vagas de mares, em oceanos de ventos revoltos de prazer.

Depois, deixar-se morrer, nas mãos amadas, em desejos inundadas.

Procuro no vento os teus murmúrios, perdido entre estrelas divago nas letras que te escrevo. Hoje não quero fazer sentido, não pretendo ser sentir. Quero ser apenas este momento, em que teus olhos me desenham neste firmamento. Hoje sabes que estou em ti, impregnado no gosto suave da tua pele. Sou o perfume que asperges pela manhã, sou a saliva dos teus lábios. Hoje estou em ti, e sabes o meu gosto quando cerras a boca, e sabes de cor o meu olhar quando teus olhos fechas. Hoje sabes de mim porque me levas na alma.

Vagueias nas ruas, preenchendo o vazio das esquinas, como se procurasses algo que já encontraste, como se fosses fantasma e apenas deambulasses. Segues na ânsia de te descobrires, de me encontrares no corpo de alguém, não entendes que estou cravado no teu peito, que tua pele é minha pele, é teu jeito. Olhas-te no espelho de uma montra qualquer, percebes no teu rosto de mulher, os traços com que teu corpo desenhei. Olhas-te na profundidade do teu ser, e vês, vês que sou eu o teu querer, que em ti me perdi, e me descobres agora no reflexo do teu olhar.

Sorris, como se tivesses dado de caras com a felicidade, como se descobrisses a própria eternidade. Viste, e entendeste que não precisas de me procurar mais, não precisas vaguear pelo ar, ou descortinar entre as estrelas, pois já sabes onde me encontrar. Regressas a casa, procuras no quarto o espelho imenso, tiras as roupas e olhas-te, olhas-me, sou reflexo no teu espelho, meu corpo despido é encastre do teu, nas tuas mãos as minhas mãos por teu corpo caminham, e num instante de prazer em teus seios se aninham.

Percebes agora onde me encontrar, sabes que estou sempre no mesmo lugar, dentro de ti!

Viajo pelo universo, como pássaro alado, visito mundos, recolho pedaços e conhecimentos. Viajo sem rumo, na incessante procura da essência divina da tua alma. Sou marinheiro em barco à deriva, sou vento que tuas velas iça. Leio-te nas constelações, sigo o caminho que nos céus me indicas, sou nave em ti perdida. E no vazio imenso deste espaço colossal, escuto os murmúrios da tua voz que em mim vêem suspirar.

Ordeno as estrelas, faço-te signo, crio em ícone teu perfil de mulher, em ti faço meu altar. Deambulo como caminhante perdido no ventre de tua pele, sou árvore que em teus cabelos se emaranha, vento que teu corpo percorre. E sentes-me, em cada viagem que faço, percebes o toque suave dos meus cabelos, quando roçam tua tez com saudade. Neste oceano aberto, és ilha, és deserto, és praia que meu corpo de naufrago acolhe.

Em ti me recupero, do cansaço desta viagem, és fogo eterno, és minha miragem. Sei o perfume da tua alma, que como elixir tomo. Revigoras meu espírito, sopras meus pesadelos, afagas minha pele que em teus lábios bebe o mel. Teu abraço é conforto para meu corpo, teu âmago meu porto, tua alma minha casa que habito no silêncio desta madrugada.

nevoeiro preenche a atmosfera por entre os ramos das árvores que se entrançam como finos fios de cabelo. Há um silêncio opaco, como se não houvesse vida por entre as folhas desta velhas árvores. Caminho, pelo trilho que atravessa todo o bosque, olho cada detalhe, sob meus pés as folhas mortas quebram-se em pedaços cada vez mais pequenos. Os meus pensamentos são como cinzel, no branco marmóreo desta neblina, esculpindo imagens, inventando sombras e tonalidades diversas do mesmo branco.

Cansado, sento-me na beira do caminho, inalo os perfumes que se soltam desta floresta mágica, e deixo pairar sobre mim os sentidos que se desprendem como folhas esvoaçando no vento. Quebrando o silêncio, um pássaro faz-se ouvir e deixo a minha alma seguir, enquanto o corpo sentado, se deixa ficar, encostado neste lugar. Nesta viagem por entre as folhagens, sou criatura minúscula que em outros mundos se adentra. sou espírito da floresta que a cada Primavera renasce.

Junto-me a tantas outras almas, que na clareira encantada se perfilam para assistir ao nascer deste novo ciclo da vida. Somos os ventos novos carregados de energia, somos o pólen que define a flor, somos a carícia e o amor com que a mãe natureza acaricia as suas criações, somos a força que está prestes a soltar-se, o sopro mágico que por todo o espaço se vai dispersar. Sente-se a chegada do momento, em que com todo o sentimento voamos para despertar da letargia, todas estas forças da magia, acabou de nascer a Primavera, e nós somos o princípio da vida.

É no vento que solto as letras, que em frases quase perfeitas se prendem nos teus cabelos. É no mar que derramo as essências que teu corpo vão banhar. É na terra que planto os sentidos, que como raízes em ti se vão agarrar. E tu recebes-me em tua alma, como lava ardente que lentamente em tuas entranhas resvala. Teu ventre liso acolhe meu corpo despido, teu olhar segura o brilho intenso do meu despertar, num instante mágico em que nossos lábios se vão beijar.

Serram-se os olhos, num beijo lânguido, os corações precipitam-se num turbilhão de agitação, provocando vagas de sentidos que abrem os portões secretos da alma. O corpo perde a noção do espaço, do tempo, porque o deixamos em estímulos carnais, e partimos numa viagem ao universo dos sentidos. Voamos nas asas deste vento brando, como aves num paraíso encantado, bebemos dos néctares divinos.

Neste dilúvio de emoções, somos fragrâncias que no ar se dissolvem, somos sensações que em nossas almas se revolvem, e unidos caminhamos rumo à eternidade de nossos destinos. Lá em baixo, os corpos desnudos devoram as peles húmidas de suor salgadas, absorvem os fluidos que a luxúria derrama, envolvem-se nas pétalas derramadas na cama. E nesta dualidade espargimos amor, entre a suavidade das almas e os corpos em pleno ardor.

teu corpo no meu, água de mar, como orvalho ao acordar. És sentido que em meus lábios restrinjo como gota de néctar, gosto divino. Inalo o perfume de tua essência, meu rosto resvalo em teu peito, minha língua é vaga humedecida que teus seios banha. As minhas mãos descem teu corpo como um rio de prazer, em busca do mar imenso do teu ventre. Meus dedos são pedaços de vento, que por entre teus cabelos se agitam.

Em apneia mergulho em ti, recebendo o abraço pleno do teu corpo, que em vagas de luxúria me preenche, me inunda. Um arrepio percorre-nos, como tremor de terra, agitando-nos as almas que numa perfeita envolvência são agora uma só. Sinto o calor da tua respiração que acaricia meus cabelos como vento quente do deserto. Meus dedos deslizo por teu dorso em desenhos de suaves dunas de areia, praias desertas onde teu oceano vem adormecer.

Soltam-se as vozes outrora caladas, para exaltar os prazeres libertos, em gemidos brandos de dois amantes plenos. Voltam os silêncios, resgatam-se os toques que em peles suadas são como detalhes de florestas encantadas. E uma outra vaga, percorre de novo o rio, como enxurrada, em direcção ao imenso mar de cio. Estremecem os corpos e, as almas caladas, preenchem os seus contornos.

Em minhas mãos carrego as pétalas que derramo sobre a cama. Acendo em cada canto do quarto uma vela, evoco os ventos que me trazem tua brisa num afago de corpo, gosto de tua pele que em mim se eterniza. Mesclo os elementos, perfumando a atmosfera com as essências do prazer. De braços levantados recebo o teu espírito absorvendo tua alma em meu corpo. Tomas-me como se fosse este teu corpo, e conduzes-me até à porta onde o teu me aguarda.

Ficamos, por um instante, de olhares presos, enlaçados numa fusão de energias que flutuam em olhares estarrecidos, em desejos pressentidos. Os lábios molhados pelas línguas húmidas clamam o beijo prometido. A pele, arrepiada, espera até ao último segundo pelo toque da outra. Percebemos o calor que emana da luxúria que sentimos, esperando pelo momento exacto, em que o vento nos deu o abraço e nos precipite como chuva, um sobre o outro.

Inspiras-me, e guardas bem dentro do teu corpo o meu corpo inteiro, suspiras, e deixas que meus lábios sejam os teus. Vens, sobre mim, como vaga fresca de mar que minha pele inunda de prazer, suor e fulgor. És lava quente que em meu vulcão resvala, és puro e simples desejo fermente. E depois do amor, deixamos os corpos ficar, exaustos, entre as pétalas de uma flor.

Perco-me no rendilhado das tuas asas de borboleta, na fragilidade do teu voo, como se fosses uma princesa que nos céus desenhasse paisagens em tons de sonhos. Sigo o teu deambular, sentindo a brisa do teu desabrochar, como flor que ao Sol se abre em mim. Decoro o teu perfume, a essência da tua agilidade é vento que meus cabelos afaga. Sigo-te por entre as árvores desta floresta encantada, onde a música é o bater de tuas asas.

Pousas no meu ombro, num convite atrevido para te guardar em meu peito, olho-te nas mil cores do teu brilho, como se fosses um arco-íris em meu céu. Lanças teu corpo de vidro, suspenso no ar por fios de seda que imagino. Deslizas no meu olhar como último raio de luz desse mundo de encantar. Desdobro minhas asas, que me ensinas a usar, numa lição de voo que me leva para outro lugar. És fada encantada, borboleta alada que em mim veio pousar.

Seguimo-nos, em desenhos traçados no ar, em espirais desenhamos os beijos que não demos, riscamos os ventos com a luz do nosso olhar, somos corpos frágeis em puro deambular, embalados nas asas da brisa que nos leva para lá do mar, horizonte distante que queremos tocar. Damos as mãos e flutuamos, rumo ao azul dos céus, como se fossemos pedaços de um mesmo véu. Na seda de nossas asas levamos a cor do nosso amor e voamos em direcção ao esplendor.

Tenho a alma carregada de cicatrizes, sinal de longas batalhas, momentos em que me digladiei contra sombras e espectros, contra monstros e tormentos. Arrastei-me nos pântanos húmidos e frios, por entre almas destroçadas, carreguei-as em meu dorso, resgatando-as dos infernos em que se amarravam. Exausto e ferido, em teus braços me entregava, sabendo que de minhas feridas tratavas. Hoje, apenas riscos dessas guerras marcam as paredes deste imenso lugar onde habito.

Os séculos mudaram, e as armas mudaram com eles, hoje em vez de uma espada carrego na mão uma caneta, cheia de letras para escrever. Adentro-me no desconhecido, e meus dedos são a expressão dessa alma guerreira que tantas vezes ferida se reerguia para empunhar de novo a espada da paixão, contra a frieza de um inimigo enfurecido pelo inferno do calculismo. Hoje solto palavras ao invés de gritos, frases que são linhas ao invés de lâminas, que pescam almas perdidas ao invés de chacinarem fantasmas.

O tempo ensinou-me outras forças, formulas e segredos. Ensinou-me a magia das palavras, a essência da vida que se esconde por detrás deste imenso poder de dizer sem falar, de sentir sem tocar. E tu, que outrora lavavas minhas feridas, me ungias o corpo com óleos medicinais, inspiras-me agora, nos detalhes de cada letra, nas escolhas das metáforas, na forma das frases com que me tornei um pescador de almas.

Neste lugar encantado, onde teu corpo vem chegando, sou apenas luz que num brilho te seduz. Nesta caminhada longa, entre luz e sombras, vens seguindo o perfume da minha alma, como última essência de nós. Nesta música que contigo caminha, os sons são como palavras que na letra se enlaçam. E do dia se faz esta noite de magia, é de lá que colhes os frutos maduros, é de lá que esperas que regresse em outros futuros. Rasgo o fino véu que separa nossos mundos, e minha mão estende-se no teu céu.

Seguras-me na ponta dos dedos, em teus lábios guardas os nossos segredos, e voas, no espaço vazio, ao meu encontro. Recebo-te com um abraço, bem apertado, como se quisesse fundir-te cm mim. Somos feitos de saudades, de muitas vidas perdidas, sentidos que em nós guardamos, verdades que só nós conhecemos. Nesta simbiose perfeita somos a energia que no universo flutua, como se fosse apenas minha, nossa, tua. E em cada segundo da eternidade, é nossa a tua saudade.

Em teus braços perco meu corpo, em tua luz a minha entrego, e juntos brilhamos no firmamento, como estrela, pequena centelha que outros sonhos ilumina. Nos teus olhos meu brilho domina, meu barco em teu corpo navega, teus cabelos são brisas, que minhas velas inflam. Em teus lábios meus beijos entrego, e no âmago de nosso abraço, nos quedamos, encostados os corpos, fundidas as almas em perfeita comunhão.

No íntimo recanto de ti, sou calor de raio de Sol, sou brilho de luz que nasce aqui, sou o teu silêncio maior. Sou vento e brisa no mesmo instante, sou suspiro incessante. Na ponta da tua língua sou luxúria em ti esquecida, no teu regaço, sou prazer que em ti nasço. Mãos que em teu corpo enlaço, como maresia que em ti se cola, vontade que em teu abraço se enrola. Colhes do meu corpo os frutos maduros do desejo, na sombra das minhas folhas te desnudas e em minha cama te deitas.

Em teus cabelos flores de Primavera faço crescer, em teus olhos a madrugada faço nascer e nos meus braços mulher te deixo ser. Nesta atmosfera carregada de fragrâncias inspiramos os desejos proibidos, como sonhos apetecidos que em nossas mãos carregamos. Faz-se em nossos corpos amor, em pequenas vagas de prazer, como apenas os amantes sabem fazer. Nesse ritmo alucinante, somos bailarinos ofegantes que ao desejo se entregam.

Nesta noite perdida, onde as velas se agitam nas sombras da sua própria luz, entrego-te o meu corpo, que o teu seduz. Dedico-te a minha devoção, teu corpo idolatro como última tentação. Faço-te rainha, deste reino encantado onde somos donos dos nossos sentidos, onde nos perdemos no nosso pleno êxtase. Quando o dia desperta, a luz tímida, inquieta, vem nossos corpos num abraço encontrar.

Na floresta o vento agita as folhas num bailado constante, numa música oscilante. No céu a Lua reflecte o brilho do Sol que do outro lado se esconde. As estrelas são pequenos pirilampos que se espalham na vasta escuridão. Meu corpo sentado sobre a erva adormecida absorve os ruídos do mundo que gira em redor de si próprio. Equilibro na alma os sentidos, os caminhos e os ventos, como lamentos, recordações e momentos, elevo a energia cósmica que retiro da natureza construo a minha pirâmide que na confluência dos pilares do Universo exala um raio de luz ofuscante.

Rebusco nos recantos do espírito as palavras escondidas nos tempos, e num dialecto esquecido pronuncio as formulas que congemino. Suspende-se o vento, instala-se o silêncio, nada se move, tudo se queda expectante. As brumas invadem o ar, uma névoa branca adormece a meus pés, a coruja suspira um lamento, e do meio do nada caminhas ao meu encontro. Vieste de um outro tempo, através das portas do vento, trazes teu corpo, que vestes como seda translúcida da tua alma.

Recebo-te num abraço terno, meus braços são como galhos de uma árvore milenar que se enlaçam em teu corpo, teus cabelos são folhas que se agitam ao vento da madrugada que se prepara para emergir do meio da noite. Quando o sol desponta, nossos corpos são uma imensa árvore que na orla da floresta se agita sobre as águas calmas do lago.

Na tua voz embalo os pensamentos, escuto as letras pronunciadas pelos teus lábios outrora beijados. Persigo o ritmo da cadência certa com que contas as frases. O meu corpo embala-se em suaves oscilações na cadeira onde repousa. De olhos fechados, perscruto o enredo escondido nas entrelinhas do texto que declamas. A melodia das palavras faz-se música no teu tom, sempre doce, como se fosses cantiga de embalar, como se pretendesses adormecer-me e fazer-me sonhar.

Sigo as minhas pegadas, nesta caminhada pelo meu deserto. Áridos territórios por onde faço passar minha alma, na constante busca das quimeras. Cidades desertas, outrora cheias de vida, ruínas de passados já vividos, silêncios escondidos onde apenas o vento quente assobia. Sou o meu próprio explorador, perseguido por tentações e perigos insondáveis, sigo o mapa que me levará às descobertas, jóias de valores incalculáveis, pérolas preciosas, relatos de amor.

Sou a procura da minha alma, que incansável se adentra, nesta terra estéril e funesta. Descubro, no som da tua boca, aquilo que sou, e no caminho me encontro, em pleno oásis, como se me resgatasses, já cansado e desidratado, soprando em meus lábios a tua vida, e, depositando meu corpo em teu regaço de água fresca. Escuto o teu silêncio, meus olhos despertam para a vida, o livro chegou ao fim com a tarde, teus braços envolvem o meu pescoço e teus lábios esperam os meus num beijo aconchegante.

Seguro entre os dedos o suspiro do teu corpo que despido me desliza nas mãos.

Escuto o palpitar do teu coração que ganha fôlego a cada percurso que minha língua traça sobre a tua pele. Desvario que a mente não sustenta, abraço ardente que o ar suspende, gemido profundo que as gargantas calam, corpos em perfeito tumulto que sobre a cama se espalham. Dedos que se entrelaçam como trepadeiras que nossos corpos envolvem, instantes de frenesim, que com teus lábios de carmim, acalmas num beijo longo.

Respirações ofegantes, que em ondas se expiram, barcos que em tormentas se agitam, vazio que os corpos preenchem, sensações que meus lábios te acordam numa vaga de emoções que de teus olhos entreabertos derramas. Silêncio! Faz-se silêncio, e teus cabelos molhados, pendem sobre meu peito suado do prazer da tua luxúria. Agitam-se como se o vento fosse o artista que pincela na tela do meu corpo os sonhos do nosso desejo. Silêncio! Teus lábios sobre os meus vêm repousar, meus braços como asas teu corpo vão abraçar. Adormecemos entregues a Morfeu que em seus longos sonos nos envolve. Sonhamos que dos corpos não mais precisamos, que somos vento, asa que sozinha voa, por entre os céus que descobrimos com a ponta dos nossos sentidos que se dissolvem no éter dos tempos.

Continua...

Obras já publicadas do autor:

- Diário de Sonhos 2009
- Reflexos d'Alma 2010
- O Livro dos Pensamentos I 2011
- A Magia das Letras – Aqua 2011
- Folhas Soltas 2012
- O Livro dos Pensamentos II 2013
- Absorvência 2014
- Ínfimos 2014
- Inflexões 2014
- Convexidade 2014

Publicações à venda em:

Diário de Sonhos:

www.bertrand.pt

Restantes títulos:

www.amazon.com

www.lulu.com/spotlight/aalmas

Todos os títulos com dedicatória do autor:

antonio.almas@gmail.com

Todo o seu trabalho está disponível em http://www.aalmas.eu